般若的力量

永文法師的鋼骨人生

照見五蘊皆空，度一切苦厄
不生不滅，不垢不淨，不增不減
照見五蘊皆空，度一切苦厄
以無所得故，菩提薩埵，依般若波羅蜜多故，心無罣礙，無罣礙故，無有恐怖，遠離顛倒夢想，究竟涅槃。三世諸佛，依般若波羅蜜多故，得阿耨多羅三藐三菩提。
照見五蘊皆空，度一切苦厄
不生不滅，不垢不淨，不增不減
照見五蘊皆空，
度一切苦厄
不滅，不垢不淨，不增不減
以無所得故，菩提薩埵，依般若波羅蜜多故，心無罣礙，無罣礙故，無有恐怖，遠離顛倒夢想，究竟涅槃。三世諸佛，依般若波羅蜜多故，得阿耨多羅三藐三菩提。

觀自在菩
薩，行深般若
波羅蜜多時。照
見五蘊皆空，
度一切苦厄。舍利
子，色不異空，空不異色，色
即是空，空即是色，受想行識，亦
復如是。舍利子，是諸法空相，不
生不滅，不垢不淨，不
增不減。是故空中無色，無受想行識，
無眼耳鼻舌身意，無色聲香味觸法，無眼界，乃
至無意識 **不生不滅，** 乃至無老死，
亦無老死盡 得。以無所得故，
菩提薩埵，依般 **不垢不淨，** 礙，無罣
礙故，無有恐 涅槃。三
世諸佛，依般若波羅蜜多故，得阿耨多 **不增不減**
般若波羅蜜多，是大神咒，是大明咒，是無
能除一切苦，真實不虛。故說般若波羅蜜多咒，即說咒曰：揭諦揭諦，
波羅揭諦，波羅僧揭諦，菩提薩婆訶。觀自在菩薩，行深般若波羅蜜多
時。照 **照見五蘊皆空，度一切苦厄**
色不異空
諸法空相，不生不滅，不垢不淨，不增不減。是故空中無色，無受想行識，無眼耳鼻舌
身意，無色聲香味觸法，無眼界，乃至無意識界。無無明，亦無無明盡，乃至無老死，亦
無老死盡。無苦集滅道，無智亦無得。**以無所得故，菩提薩埵，依般若波羅蜜多故，心無罣礙，**
無罣礙故，無有恐怖，遠離顛倒夢想，究竟涅槃。三世諸佛，依般若波羅蜜多故，得
阿耨多羅三藐三菩提。故知般若波羅蜜多，是大神咒，是大明咒，是無上咒，是無等等咒，能除一切苦，真實不虛。故說般若波羅蜜
咒，即說咒曰：揭諦揭諦，波羅揭諦，波羅僧揭諦，菩提 **照見五蘊皆空，** **蘊皆空，度一切苦厄**。舍利
色不異空，空不異色，色即是空，空即是色，受想行識 **，不垢不淨，不增**
不減。是故空中無色，無受想行識，無眼耳鼻舌身意，無色聲香 死，亦無
老死盡。無苦集滅道，無智亦無得。以無所得故，菩提薩埵，依般若 **度一切苦厄** 竟涅槃。
三世諸佛，依般若波羅蜜多故，得阿耨多羅三藐三菩提。故知般若 苦，
真實不虛。故說般若波羅蜜多咒，即說咒曰：揭諦揭諦，波羅揭
照見五蘊皆空，度一切苦厄。舍利子，色不異空，空不異色，色即是空，空即是色，受
想行識，亦復如是。舍利子，是諸法空相，**不生不滅，不垢不淨，**
不增不減。是故空中無色，無受想行識，無眼耳鼻舌身意，無色聲香味觸
法，無眼界，乃至無意識界。無無明，亦無無明盡，乃至無老死，亦無老死盡。無
苦集滅道，無智亦無得。**以無所得故，菩提薩埵，依**
般若波羅蜜多故，心無罣礙，無罣
礙故，無有恐怖，遠離顛倒夢想，
究竟涅槃。三世諸佛，依般若波
羅蜜多故，得阿耨多羅三藐三菩
提。故知般若波羅蜜多，是大神咒，是大明咒，是無
上咒，是無等等咒，能除一切苦，真實不虛。故說般
若波羅蜜多咒，即說咒曰：揭諦揭諦，波羅揭
諦，波羅僧揭諦，菩提薩婆訶。

／推薦序

人生是怎樣一回事

佛光山宗長 心保

人生是怎樣一回事，有時候也想不出一些頭緒，倒是面對苦難，真是需要勇於承擔、敢於面對，這要有很大的勇氣力量，才能度過生命中的截流災難。

有很多人健健康康的成長，一帆風順，但也有人經常與病為伍，一生坎坷，平凡無奇，進步不大，反而與苦難成長，所歷練出的超然心志，自然是高人一等，眾所讚揚。

有幸認識永文法師，他除了是一位出塵修道的出家人，在我心中，他是一位苦難打不倒的奇人。

英雄神勇也怕病來磨，更何況是一位平凡小人物，拿什麼與病抗衡？關於這一點，我相信他具有抗魔的神力，非一般人所有，可以橫掃千軍，萬夫莫敵，我當然自嘆不如，望塵莫及。

永文法師雖有苦難，但是不幸中的大幸，他有了舉世明燈，救人於世的殊勝佛法。因為佛的智慧，讓他重生，這可說是非常難能可貴。人在痛苦無助的當下，有多少人想到佛法呢？永文法師不但有，而且將佛法的般若融入身心，產生一股不可思議的神奇力量，因而可以在苦難之中，依然挺立在世間。

這個過程，相信大家引領期盼，希望一睹為快。

／推薦序

說法利樂有情

佛光山長老院院長　慈莊

在佛光山教團依止家師星雲大師出家的徒眾中，永文法師是很特殊的一個。多數弟子是學佛有些心得，或要深入經藏，或要親近僧團而來；他在少不更事的十七歲，憑著報紙堆裡一則佛學院的招生簡章，就單槍匹馬跑去宜蘭雷音寺，請求住持心平和尚帶他到當年的台北別院見大師。有人希望自己出家的法號字輩能排愈前愈好，他出家時還跟大師討價還價，自願從「依」字輩退到「永」字輩，理由是「永文」兩個字筆畫簡單好寫。別人出家前，已做好接受僧團嚴格要求的心理準備，他則是出家後仍像山裡的孩子放曠自由……。

永文法師在佛光山僧團的起始式看似如此不羈，但這正是他白紙一般赤子之心的展現，大師觀察到他旺盛的活力下，有一顆充滿熱力、堅持向道的好學心，因此把他帶在身邊親自指導，給他承擔比別人更重的任務。

永文法師也總不負所望。最早，大師派他去美國學習，二十歲不到的他，從一個英文單字都不會到考取高中畢業文憑，只花了半年的時間，被全校譽為「超級女尼」。後來，派他做美國佛光西來學校校長，三年任期，他將八十個學生的學校擴充為千人，策劃了不少活動，名噪洛杉磯的華僑界。之後常住又調他回台灣在台北道場辦社教，他一下子開出五十多種課程，學生多達千餘人。一九九七年佛光山開辦衛星電視台，他從一個門外漢逐步了解需要的證照、器材、設備、人事、節目製作、地方台的鏈接……可以說各行各業人士都得面對，他不但如期完成任務，還為常住節省了許多經費。

難能可貴的是，他的種種相對比之其他更艱困的職務，都是在他罹患系統性紅斑狼瘡之後。在擔任這些職務期間，他進出醫院多次，也幾次進出鬼門關。別人生病了請病假休養，永文法師住院時，身上吊著瓶瓶罐罐到別的病房關懷病人和家屬，甚至助念。紅斑性狼瘡是免疫系統的疾病，當年發病時來勢洶洶，醫生確診後，判斷只能再活三個月，永文法師憑著常人所不能及的毅力，和對信仰的堅持，至今已近四十個年頭。數十年來，全身骨頭受到痼疾的侵蝕，如今關節能換的都換成鋼鐵了，如同他的心志一般，別說是「超級女尼」了，說他是「鋼鐵女尼」也不為過。

在調養身體的這許多年，永文法師一樣閒不住，拄著拐杖四處講經說法，與眾結緣。聽說他把多年講經心得整理成文章，我不但鼓勵他出版利益更多人，更期望他的抗病精神能起到鼓舞人心的作用。

這本《般若的力量》，來自他現身說法，是身布施；他平日隨緣開示、講經上課、樂說無礙，是口布施；他深受病苦仍信仰堅定、菩提不退，反饋於眾，是心布施。他的生命展現了力量，付諸文字，能利樂大眾。

想起年輕的他一起和我奉常住之責到美國建寺，我忝為佛光山女眾堂大師兄，所以我也願做不請之友，為他作序，並為他祝福。

／推薦序

浪裡來火裡去的僧侶故事

國際佛光會世界總會秘書長 覺培

永文法師，是我初到佛光山時，星雲大師在法堂特別介紹我認識的法師，大師說：「你看見這位法師的笑容嗎？疾病致使他身上好多骨頭都不是他的，你看得出來嗎？」我當時確實吃驚，他的威儀、挺直的身軀、淡定的微笑，都讓我看不出任何病容，更看不出他曾經走過非一般人所能忍受的痛苦經歷。

這本書，隨著作者從母親「童養媳」的開始，農稼的生活，困苦的環境，我感覺自己像遊歷了一場台灣早期的清苦歲月，再加上生活的「窮」、失親的「痛」、無語問蒼天的「苦」……那個年代，活下去都算是一種奇蹟！出家後，如「重生」一般，展開懵懵懂懂的學習，接受佛門有理無理的調教，更受到星雲大師因材施教的提攜。從一個不愛讀書，到主動探索遨遊閱讀的世界，甚至留學海外，以優異成績即將畢業於美國大學的超級女尼，突然罹患重症，被醫生宣判只剩幾個月的生命，人生從山巔跌到谷底，一個急轉彎的過程，彷彿一場惡夢。在生命的時光隧道中，從宜蘭到高雄，從在家到出家，從台灣到海外，從健康到重病，一次又一次的淬鍊心性。從憤世嫉俗到了解生命的本質，在幾度病危中從死亡裡再回來，在痛徹心腑的疾病到看清四大假合的緣起，從經典的參悟中再回入娑婆，在死亡邊緣裡參透不二的究竟，這一身臭皮囊卻也成為修證道業的基本磐石。

於是，《般若心經》對於作者，不只是文字，而是洞察生命的地圖；「五蘊」不是名相，而是色法（物質）與心法（精神）的交戰後，在三界裡照見空空無大千的真理；倘若參透地水火風四大假合，又豈有妄身安住之處？既無妄身，則心無罣礙；既無罣礙，也就無有恐怖；因為不住生滅之有為法，自然遠離顛倒夢想。也因此「鋼骨人生」，不只是身軀的剛強，而是內心的柔軟，是面對生死煩惱時，接受它、了解它、超越它的解脫智慧。

整本書用一個字來形容，我會說，那就是「轉」。永文法師從外在的貧窮「轉」為內在的富有；從茫茫大海的漂泊「轉」為度化苦海的舟航；從痛與苦的淚水「轉」為憫念蒼生的慈悲；從迷惑不解的煩惱「轉」為清淨修道的菩提。

這本書，是一位自覺平凡的僧侶，在火裡浪裡的生死中，用《般若心經》走出的一條不平凡的「自覺」之路，值得您我細細閱讀！

／推薦序

活出般若能量

製作人 趙大深

說起來，永文法師應該是我在佛光山認識的第一位法師，因著佛光衛視（現為人間衛視）的成立，這才發現居然有一位弘法利生的法師，卻很懂得影視傳播相關實務，也因為有著共通的語言，以及合作拍片的因緣，所以文師父於我們一直是亦師亦友。

一直都知道文師父很能「說」，剛接觸佛法時，腦袋被一堆名相所困惑，文師父就會以收入和支出的會計原理來解釋三世業報；用電、燈具、光亮來解釋《大乘起信論》的體、相、用；拿「外雙Ｃ」（香奈兒）、「彎腰牌」（路邊攤）來解釋依報；於是難懂的名相經過文師父特「接地氣」的詮釋，似乎也不那麼有距離了。

文師父也很能「寫」，寫出來的文字畫面感十足，例如跟四哥用「非肥皂」洗衣粉洗衣服的那一段，你可以清楚的看到環境——溪邊，人物——文師父及小哥，道具——鴨母船及衣服，事件——衣服漂走了，看到這裡，我們直覺的認定……悲劇了，但劇情卻大反轉，只聽小哥淡定的安慰道：「以後我們就不用洗那麼多衣服了，而且我們家又沒大人，回去不會挨打，不用哭！」看完這段，我哈、哈、哈了。

其實我最常見到文師父的地方，除了台北道場，就是醫院了。為何？因為我是在他開始鋼骨人生的階段才認識他。但細細回想，病房裡的氛圍好像跟平時也沒什麼不同，訪客來探病更不需要小心翼翼的說話；病人不痛嗎？怎麼可能！六次的骨科手術，六次清創和兩次植皮手術，還有數次發病危通知的急診，光是疼痛，應該把病人的修行修養都痛沒了吧！我真的不解！直到看完PART4——般若能量，我才解了疑惑，因為文師父很能苦中作樂——「我緊張得閉住呼吸，靜靜的盯著那條掛著的腿，那條腿也看著我，對看久了，那條腿有點像吊掛的火腿。怪了！醫師又拿著沾有醬油的刷子，在那條腿上面刷，咦！開始有一點熱熱的，不會吧！在手術房內BBQ嗎？」文師父也很能藉病練心——「經過這樣的觀照，後來每當我病發感到痛苦的時候，我就觀看我的痛處，我的痛在哪？」

文師父的人生很像八點檔連續劇，兩歲失恃、六歲失怙，像個野孩子似的在滿山的橘子樹下長大；十七歲如花一般的年紀時，在茫然如大海的人生，遇見航行中的燈塔——星雲大師，終於找到方向，歡喜的剃度出家；但雄心壯志還來不及實踐，系統性紅斑狼瘡的發作，讓他錯失了大學畢業證書，期待成偉人的夢想也戛然破碎。如此的劇情似乎還不夠猛烈，於是不斷的住院、手術，不斷的急診、病危，這樣的劇情夠灑狗血了吧！但……文師父硬是把大悲劇演成了散發正能量的勵志片，至今仍拄著拐杖，邁著顫顫巍巍的腳步，不斷的在各地講經弘法。真正做到了他給自己的期許——「當我活著時，我儘量讓自己成為有用的人，我有多少能量，都要發揮出來。」

／自　序

何期自性　本自具足

永文

八〇年代，能奉派到美國，是一種光榮的使命感。我想把握這個契機，認真的準備做出一番令人刮目相看的成績。

一九八一年的五月二十二日，在家師星雲大師的帶領下，我終於來到美國洛杉磯。美國是人種的大熔爐，大多數的美國人都能尊重、友善對待宗教人士，我總算卸下了語言不通的心結，開始協助常住的開山工作。我自許非常勤奮，遇事不推諉，使命必達；我發心堅固，接引信徒熱心善巧；我一念真誠，能與青年溝通，廣受愛戴。基於這樣的性格，我相信我必能圓滿常住的委任，開拓佛光山在洛杉磯的法緣。

在美國一段時日之後，因常住的慈悲加上大師的厚愛，要我們幾位派到西來寺的青年僧進學校進修，加強學識及語文能力，俾使在寺院建設之後，更落實「大法西來」的任務，於是從小失去怙恃的我，竟然在成為僧人之後，還能擁有美國大學畢業的文憑。

然而命運的乖舛、造化的作弄，在我發大心的道程上，就像一部加滿油準備向前衝的賽車，才剛踩足油門，車身的零件卻一一掉落下來！至今都還是棘手怪病的「系統性紅斑狼瘡」，從那時就找上我，徹底打亂了我的人生規劃，嚴重打擊了我的身心狀態，讓我這麼一個從十七歲就踏入佛門、每日五堂功課都在惕勵無常之理的出家人，幾乎失去正念，墮入恐懼痛苦的深淵不能超脫！

就在惶惶不可終日的時節，從初進佛學院就念念相應的《心經》，彷彿一道明光，照進我幽黯悲切的心靈；原來那些朗朗上口的經文，直須到我面臨生死關卡時，才稍稍能體會什麼是「不生不滅」的生命原理；而此時大師教導的「為僧的意義在於對社會大眾的貢獻，而不是向社會索取」更是如雷貫耳，提振我已然昏聵的心念，提醒我不管今生還剩多少時間，我都要把握當下，讓生命本具的功能發揮出來。

於是我不再顧影自憐，因為「惜生懼死」，不是我選擇人間佛教修學的目的。人間菩薩道，應是將一己的生命融入到大眾的生命裡。「弘法是家務，利生為事業」，我怎可將發心剃度時的「初心」給迷失了呢？汽車的零件縱使散落一地，尚可藉由車廠的技士修復；但生命的方向一旦迷失乃至錯誤，就永遠到不了目的地了。何況車子壞了，我的駕駛性能仍在啊！身體即使朽壞、死亡了，也不是生命的結束，因為佛陀告訴我們，生命不是一時、一世的，而是無限、永恆的。

發病的初期，我仍可以勝任常住各項職務的調派；但染病二十年後，因色身常出狀況，為不耽誤常住工作，我請了病假。休養期間，我遵從星雲大師的指示「人人是知客」，我就在掛單的台北道場內，擔任這樣的角色。與訪客交談中，遇到最多的問題，不外乎：如何向佛菩薩祈求，才能化除病苦？如何送家中的親人最後一程？我更加感受到，原來病苦和死別，就發生在人間各處啊！

《維摩詰經》說：「菩薩……隨其方便，則成就眾生；隨成就眾生，則佛土淨……若菩薩欲得淨土，當淨其心，隨其心淨，則佛土淨。」意思是說佛國淨土在眾生身上求，離開了眾生，就沒有佛，離開了群眾去求道，是沒有道可求的。因為有了面對病苦和瀕死的經驗，近二十年來，我常受邀講課，如扶輪社、企業界及世新、台大等等大學，分享個人生命的故事，內容也都以《心經》的經義為輔佐。

接著佛光山轄下別分院的邀約也紛至沓來，有的是講授《心經》的連續課程，有的則是專題講演。不管路途遠近，我都隨緣允諾。我曾遠赴南美洲的阿根廷、巴西、巴拉圭、智利等處，也到北美洲美國、加拿大等各大州郡。前年亦到澳洲五大城市舉行了十場講座，新加坡、馬來西亞、印尼等地已連續十年的巡迴，當然日本、香港、澳門，菲律賓都受邀前往，台灣本地或離島，更不曾拒絕過對方的邀約。

我如此詳細敘述行腳各地，是想表達色身雖有殘缺，但只要有心、肯承擔、肯向眾生走去，任何的艱難，都無法阻擋我們在菩薩道上前行。感恩大家肯接納我、協助我，給予我豐富生命的機會，更啟發我擴大的生命的力量。

往年，我都是一邊休養，一邊應邀巡迴弘法。去年，因右下肢蜂窩組織炎及筋膜壞死，做了一次筋膜切開手術，此次住院時間長達兩個多月，恢復期需要一年。感念大台北地區的師兄們，在我住院時日夜二十四小時的輪班照護；住院期間，我亦收到海內外各地師兄們為我立消災祿位、拜水懺、念佛、持〈藥師咒〉等等，回向我早日康復，也期望我能再前往弘法等訊息。我更感謝各地住持和各位師兄長年的加持護念，因為有著這些強大的心意回向，我的生命得以延續，也讓我身苦心不苦；今日我仍存在這個世間，是聚集了多少人的時間和心力所助成的呢？大眾成就了我肉身再造的善因緣，佛菩薩則續就我的慧命，我何以為報呢？

既然近期內，我無法出外弘法，也無法一一登門向各位師兄表達謝意，於是我在腳不能行但手還能用的情況下，把從一九八二年身體開始出狀況，到一九八三年確診為「系統性紅斑狼瘡」的病中歷程，以及《心經》如何幫助我認識生命本質、帶領我活出生命希望的體悟，一一用文字整理出來。我的本意，是把握每個呼吸的當下，把我個人今世對佛法的一點體證，留下一些記錄。我知道我個人的體證相對於浩瀚的佛法大海，宛若滄海一粟，微不足觀，留不留記錄，其實並不重要；但這些經驗畢竟是我今生最珍貴的東西，如果我還有一點資格報答佛菩薩的恩情、還有一點力量回向大眾對我的眷愛，那這些文字記錄，就是我至誠無上的供養。

出家人雖已辭親割愛，然而一旦回顧生命的源流，難免談及出生及成長的過程，憶念父母手足之情。本書收錄了我童年艱困歲月的一些記事，其中有不少人情世故、因果相循的道理，亦蘊含了廣義的佛法在其中，供大眾參看瀏覽。

而自我出家之後，得自於星雲大師的包容、教導太多，要不是大師的慈悲，就沒有今日的我。大師兄心平和尚的壯年驟逝，為我上了一堂生死的大課；慈莊師父的身教言教，則是我一生受用無盡的法寶。藉著寫書的因緣，我同時記錄下這些在我生命裡影響至鉅的人與事，致上我深深的感恩及緬懷之意。

從被宣判只剩三個月生命，至今我已多活了三十九年，支持著我走過與病共存漫長歲月較相應的，竟然是《心經》：五蘊皆空、心無罣礙、般若能量、無所得故、究竟涅槃。《心經》的能量之大，非凡夫所能想像，也非我生生世世所能證悟得了的。但今生既有因緣得其百千萬分之一，冀望有緣人，也能從我的生命故事分享中，開啟般若的智慧，讓我們一起互相加油，讓我們的生命，因為修行，更加勇敢、更加光明！

感謝廖慧美師姐一再的鼓勵，希望我能將自身生命的故事，以及在病中如何受到佛法的啟發，透過文字，以出書的形式，來啟發和我一樣受病苦折磨的患者。我思考後，心想，分享生命的故事，可以讓自己的生命更加豐富，更可以在分享過程中得到力量，幫助他人去面對個人的人生課題。謹就我身邊既有的「成長故事」與「病中隨筆」、「講演資料」加以整理，希望為世間受苦的人和渴仰佛法的人，提供一點微薄的參考。

若以「書」的標準來評判本書的辭藻，可能不盡典雅；若以「法」的價值來衡量本書的義理，更是微不足道。只能說這是我在病體未癒、健康日下的情況下，所做的一點功課。惟願以此心意，對世間受苦的眾生做一些供養，並對所有幫助過我的每一位善信，做功德回向。

目錄

PART 1 孤女的願望

在我獨自居住的歲月裡，
真的常常以橘子裹腹，
這時我才恍然大悟，
在醫院剝橘子給父親吃時，
他預言我不會餓死，
因為我家附近全都是橘子園……

父親和母親的結合

一九四〇、五〇年代的台灣，不知道是「流行」還是「需要」，在農村裡，不論家庭的經濟環境如何，都盛行「童養媳」的習俗。說是「流行」，確實每個家族都有；說是「需要」，更是一種保障男丁娶得到妻子的做法，對子嗣的綿延很有助益。

我的母親就是童養媳，而且是和養兄有浪漫愛情的童養媳。

當年，祖父母基於流行和需要，收養了四位童養媳，盤算著日後分別與自己的兒子們「送作堆」。歲月就在孩子們嬉鬧間流逝，看著一群孩子們相處那麼融洽，個個健康活潑的長大，祖父母的歡喜顯現在日漸加深的笑紋上，但是，究竟誰該配誰卻看不出個端倪？暗中觀察，看不出彼此間的好惡；暢明的問，因為姑娘家的矜持，更不會給出答案。為了配對問題，煩惱深藏在祖父母的眉宇間，偶爾愁來襲，才發出一息輕嘆！雖是這樣輕聲的一嘆，卻躲不過從小就聰明伶俐、乳名阿純的童養媳的眼睛，她暗自在內心思忖著。

傳統上，「送作堆」的日期大都選擇在除夕夜舉行，除了經濟考量，也祈望藉由大過年熱鬧喜慶的氣氛，小倆口能沾沾喜氣恩愛到老、富貴年年。何況在日據時期，那能由台灣人鋪張辦婚娶？苦難當頭，省事省錢是保平安之道。

中國人非常重視農曆過年，為了拜佛祭祖、迎神驅魔，年前必定來個大掃除；洗窗抹地、漆牆補瓦、砍樹劈柴、舂米磨漿、蒸粿炊糕、準備祭品、宰殺牲口，都是不分男女老幼，一起為過個「好年」做準備。這時來個全家總動員的歡慶，日本人是可以接受的。

這一年過節的氣氛特別濃，孩子們也有些察覺，彼此間的舉止愈發彆扭，棘手的問題、尷尬的日子，再怎麼不願意，最終都是要面對的。

那天，一堆人都在為「過年」的事忙著，男孩們負責劈柴挑水，累得直不起腰；婦女們則為磨米漿、蒸糕粿的事，忙得抬不起頭，誰也顧不了誰。這時，阿純忽來的一句話：「大伯、小叔來幫忙抬年糕，那個懶鬼不想吃，別理他！」大家全都傻愣了，停下手中的工作，眼光全投注在阿純身上！阿純則像沒事般的轉蹲到地上，撿拾柴枝添入大灶坑內撥弄著柴火。阿公摘下眼鏡，闔起正在翻閱的農民曆，把阿純喊到大廳問話。

「剛才的話妳是認真的？」「妳有清楚、很明白妳話中的意思？」「妳有勇氣再說一遍嗎？」阿公為了慎重，反覆詢問阿純，深怕誤了從小就乖巧聽話的養媳，也等於是女兒的終身大事。

「我是有說，大伯、小叔來幫忙抬年糕，那個懶鬼不想吃，不要理他！」阿純再次表白，重述剛才所說的每句話，慧穎的她知道唯有這樣，阿爸才不會猶疑她的決心。

阿公這下完全明白，阿純喜歡的是老三。祖父母原本有五個兒子、二個女兒；大兒子夭折了，四兒子過繼給叔公，所以留在己房帶大的是三個。「童養媳」未過門之前與家中男孩是以兄妹相稱，過門後就要隨子女的輩分稱呼婆家的一切親友，這又是中國傳統文化矮化女性陋習之一。所以當阿純將玩伴的兄弟，改口稱呼大伯、小叔時，擺明中間被罵「懶鬼」的那個，正是她所中意人選的暱稱。

阿純就是我的母親大人，當年她機智俏皮的故事，在純樸的宜蘭山中一直流傳著。

母親不但深具智慧，更是勇敢。有一次女孩們在舂米時，有一隻老母雞徘徊在石臼旁，叼撿彈跳落地的穀粒吃。女孩們邊嬉鬧邊做事，眼睛根本沒盯著石臼中的狀況，結果「咕吱」一聲慘鳴，母雞被舂米的女孩誤擊。女孩們一下子停止喧笑，「糟啦！怎麼辦？」是她們唯一能發出聲的語句。

蹲在一旁盤稻草結的母親，也急著跑過來，被眼前景象嚇呆一會兒後，她回過神，用手推碰一下老母雞，知道老母雞已斷氣沒得救了，她抱起老母雞，交代大家繼續舂米，她獨自一人去向阿嬤認罪，當然免不了挨打受罰。

過了幾天，迎神廟會上，這隻老母雞成了村內最高級的祭品。晚餐後，阿嬤偷掩一隻雞腿給母親，以嘉許母親代人受過。但是那隻雞腿並不容易入口，因為鹹到有苦澀味。原來在那個沒有冰箱的年代，阿嬤為了能讓雞肉可保存到廟會那天，把雞用鹽醃鹹到難以入口……告訴我這個故事的是當年母親的好友之一，我稱她「阿婆」。阿婆說她也嘗到那隻雞腿一口，真的鹹到嘴歪。但她馬上說明：「不是因為太鹹不好入口，你母親才拿出來和人分享的。你母親一向不藏私，平常有什麼好東西，都常和大家一起分享。阿純做人有夠好的啦，只是為什麼好人不長命呢？」她泛著淚光抬頭似在問蒼天！直到今天，我仍然持續著這位阿婆問老天的問題，但老天爺還是沒有回答我！

母親在我足兩歲半的時候離開人世，父親則是在我六歲多時離開我們兄妹六人，因此我對父母親的印象和了解並不多，若有所知，也都是從街坊鄰居的對談中獲知，不知為何兄姐甚少對我談起父母親。

猶記得有一年的除夕夜，難得全家可以吃個團圓飯，不懂事的我，竟為了少拿到父母親的兩個紅包而哭鬧不休，兄姐勸我不停，也都趴在桌上泣不成聲，最後，四哥倒一碗剛才祭拜的米酒灌我，米酒下肚後我醉睡了，鬧劇也收場了。或許是我的無知，讓兄姐觸及傷感的往事吧！雖然我對父母所知有限，但絲毫未減他們在我心中的地位。上述兩段往事，母親的表現，簡直可稱智、勇雙全。如果後來的我，有一點小聰明，做人也滿講義氣的，那麼，應該就是母親的優良DNA，也有遺傳到我身上吧！

母親！等您入夢來

世上只有媽媽好
有媽的孩子像個寶
投進媽媽的懷抱
幸福享不了
沒有媽媽最苦惱
沒媽的孩子像根草
離開媽媽的懷抱
幸福哪裡找

只要腦內有點空檔，下意識的，我都會哼唱起這首〈世上只有媽媽好〉。「母親」的印象對我來說是模糊的；但「媽媽」的懷抱讓我感覺非常需要。

我這麼說，有人或許會覺得我精神錯亂了。但在我生長的鄉下及成長的年代，對母親的稱呼是「阿母」，若有人叫母親為「媽媽」，那會被全村落的人取笑，因為那是太嗲勁的撒嬌稱呼了。雖然母親與兒女的親密，應該是零距離的，但保守壓抑的山村環境，情感的尺碼只能伸展在心中，不得逾越半點分寸，對母親的愛也難例外，只能羞澀的隱藏著。

剛失去母親時，要我躺床入眠是全家人的夢魘，我的哭聲擄兄姐陳訴，比雷公打死人的「脆雷」還響。只要這「脆雷」帶頭響，其他五個兄姐的「號角」也會隨著嗚咽起來。

懂事的大姐這時就會搬出母親的衣服，帶領我們摺，試著將對母親的思念溶化在觸撫遺物中。失去母親之後，大姐的臂彎，成為我較熟悉的睡床，還有覆蓋母親的衣物時，也能讓我睡得沉穩些。

大姐裁縫的手藝是遠近馳名的，不知她何時得來的靈感，抑或經濟的考量，大姐開始將母親的衣物歸類，並著手將這些衣物拆剪，縫製成一件件我的小「新衣」，自此母親的外衣溫暖了我的內心。也許有「母親的味道」日夜隨身，加之穿戴新衣的喜悅，我這顆隨時引爆的「脆雷」，總算被安撫啞了。

至今仍記憶猶新，當時大姐白天要到鄉內唯一的電池廠工作，下班後更要操持家務，照顧走路還顛仆的我，姐代母職。為了讓大姐儘早幫我裁製衣裳，我學乖了不再哭鬧，總是靜坐在屋角等。當時我們家只有兩盞燈，一盞掛在房間的過道，所有的房間都沒有門，這樣每間房都有光；另一盞就掛在客廳與廚房的梁上，為了亮度，特地把牆壁鑿個凹洞，以便將電燈垂低好達到更明亮效果。當大姐站上長板凳，將掛在大廳與廚房中間照明的電燈，移掛到裁縫機的同時，我也會跟著移過去。

夜，就在嘰喳嘰喳的縫紉機音聲中加深，忽然間我感受到母親回來了，我轉頭看著門，正納悶門沒開，母親要如何進來呢？欲回頭叫姐姐去開門時，我看見母親上身的部分，更正確的說是一件上衣，由遠而近從門的正中央飄進來，直接轉入房間，雖然我沒看到母親的頭臉和腳，但我可以強烈的感受到，那是母親！她是回來看我的！下意識的，我跳下長板凳尾隨母親進房睡。大姐並沒有阻止我，我相信她有看到也感受得到。我們誰也沒說破，之後，我每晚都會等著母親，等她領我入夢鄉。後來，我隱約聽人談起，阿公每天清晨四點左右出門巡田園時，都會看見一個與母親相似的女人背影，從我家出來，很快的閃進山坡上的山溝內。

因為失去母親的時候我才兩歲半，和母親相處的時日不多，母親給我的印象是模糊的，雖然我記不得她的樣子，但我永遠記得失眠的困擾。小時候，失去母親的懷抱，永遠難有好夢入眠！稍長時，遇到挫折、受到委屈、不順心時最想躲進母親的懷抱，大叫一聲「媽」，肆無忌憚的嚎哭一場，但是沒有母親可抒解勸慰，我又輾轉難眠了！

時下的年輕人流行離家獨居，好逃避媽媽的嘮叨，朋友！媽媽的愛是藏在囉嗦的嘴巴裡，奉勸家有高堂的你，珍惜母愛，早晚擁抱一下媽媽，道聲：「媽媽，我愛您！」莫到子欲養而親不待，徒嘆奈何？

橘子的養育之恩

在眾多水果中，現代人送禮鮮少會選擇橘子，理由為何？無非嫌它上不了場面，非屬於高貴的水果類。而依中醫理論，橘子性寒，多食對身體有害。但是若有人送我橘子，我會將他視為知音，而且我腦內的激素自有辦法把橘子的寒性轉化為暖性，吃再多也無妨。為什麼？因為我與橘子交情匪淺啊！

小時候家住在山上，除了農忙時期，男人大都還可以兼差看顧山林、果園之類的。山中的屋子，大多數是土磚牆、瓦片頂、木頭窗和泥土地，颱颱風、下豪雨時的慘狀，非都市人所能體會，颱風吹走部分瓦片，雨水就不客氣的入侵，泥濘的地上處處可見散落物。

某夜，又是風雨交加。我早早就裹著棉被入睡，希望能減低屋外風鳴淒厲的聞聲，更可防禦被落物擊傷。這時，傳來「碰！碰！碰！」好大的聲響，心想，是什麼東西在撞擊大門啊？唉喲！是魔鬼嗎？不敢多想，把棉被再抱緊些。

碰——碰——「雲仔！免驚啦！我是阿爸啦！」是阿爸的聲音，是阿爸回來了！我一躍下床，來不及穿鞋就奔到門邊，只鬆一下門閂，咻一聲，門就被風吹開了，還穿著雨衣的父親一把抱起了我，順手從雨衣的袋內，掏出一顆和我的頭一般大的橘子給我。

當年，幫人照顧果園有個不成文的規定，就是果子不可以摘但是可以撿，父親在颱風天撿到一顆未曾見過的「大椪柑」，竟冒著風雨摸黑回來，只為給寶貝女兒這顆「大椪柑」。見到女兒在颱風夜平安無事，也沒坐下喝水，又連夜趕上山到果園執行任務。有了這一段「橘緣」，對我而言，橘子豈會是「寒性水果」，它的滋味是香甜在口，溫暖入心啊！

父親初染疾在家休養時，大姐已出嫁，三個較長的哥哥，基於經濟考量，皆出外學技藝謀生，小哥尚在就學。白天家裡就剩我們父女倆，父親身體情況好時，會帶我到溪邊洗衣，我跨坐在父親的肩上，把裝有衣服的木盆放在他的頭頂，怕我摔下來，父親用雙手扶著我，就這樣邊玩騎馬邊跑步，到溪邊先打一場水仗再洗衣。歸途，無論我怎麼耍賴，父親只願牽著我的手，另一手攬著木盆靠在腰上走回來。當時年幼的我哪能察覺，玩耍、洗衣已耗去父親大半力氣，何況溼衣溼盆重量會增加，父親已無力再讓我騎在肩上了。

有天父親又不在家了，我以為大概是出門賺錢去了。直到有一天，大哥和二哥帶我坐火車，原來是到羅東聖母醫院，去探視病重的父親。這次換我帶橘子給父親，父親要我剝開橘子，並且一片片的去掉絲絡和籽，再拿一片餵父親食用。父親吃了之後頷首含笑表示滿意，說：「雲仔，餓妳不死囉，我可以放心了！」當時，在場的人沒有人知道父親的話意。

後來三哥告訴我，他在醫院照顧父親時，同病房的病人都說醫院鬧鬼，但那不是鬼，是母親回來找父親。三哥看得很清楚，每次母親一來，就會帶著父親在病房內四周繞行，像在散步。直到有一天，母親竟將父親的點滴注射拔掉，帶著父親離開病房。三哥被這突來的舉動嚇著了，大叫出聲：「阿母，妳要將阿爸帶去那裡？」這一叫三哥也驚醒過來，側身一看，父親真的已拔掉點滴，三哥急忙起身找來醫護人員，但醫師診斷後，告訴三哥，趁父親斷氣前趕快領他回家吧！

父親過世後，小哥雖然課業成績優異，畢業時領最高榮譽的縣長獎，但礙於環境現實，在親友的介紹下，到基隆學做皮鞋。後來在我獨自居住的歲月裡，真的常以橘子裹腹，這時我才恍然大悟，在醫院剝橘子給父親吃時，他預言我不會餓死，因為我家附近全都是橘子園。時至今日，每當見到橘子，我就會記起橘子對我的「養育之恩」！

麻衣當新衣

居住在鄉下的時光是令人懷念的，自由自在的奔馳於田野間，唱歌有小鳥合鳴，跳舞有青蛙陪伴，多愜意啊！還有，永遠也忘不了那濃郁的人情味，誰家母豬又生小豬了，就分發給左右鄰舍狀似母乳的粿，象徵母豬的乳汁將會豐足。賣大豬時，鄰居也可分到些豬油；農忙時，鄰里相互換工，全不計較誰家的工作天多些；就連園子裡新長出的竹筍，第一批絕對不是自食而是分送給鄰居。山居生活，偶有調味品不便時，若向人借來平整的一碗，還時，一定還盈滿的一碗。這種鄉下人的厚道，今日已難覓尋。

向來，重情重義的鄉下人，遇有婚喪喜慶時一定大宴親友，鄰里也都相互「湊手腳」。鄉人之間，更以一個人的人生最後一件事辦得如何，來論斷他一生的功過。若沒人自發性的來為這個人擔棺，抑或來送喪的人不多，就表示這人平常做人有問題。

有人為了粉飾人生的價值，平常日子過得苦哈哈，一旦生病了，醫藥費也是省著花，但棺材本早就備著囉！子孫更是怕人議論不孝，再窮，即使典當或借錢，都要極盡所能的辦喪事，就怕喪禮辦得不夠風光。而送葬的族親也不輕鬆，除了奠儀錢，還須送布帳幫襯場面。

風光的喪禮過後，大量的剩菜，可打牙祭一段時日，而用來充作場面的布帳，則成為家人縫製新衣的來源。喪禮之後有吃的又有新衣可穿，所以當時還不識人間愁滋味的我，光從喪禮的場面，根本未能體察其中悲悽的氣氛。每次親族中有喪禮，都在四合院中的晒穀場進行。年幼的我根本分不清誰是喪家？反正每次哭拜之後，都有「師公仔」耍技藝或變魔術的熱鬧可看。

這一天，又有一個鬧哄哄的喪禮，所不同的是我跪拜的部分特別多。

鑼鼓聲又大作了，來幫忙的長輩，把小孩全趕到一邊，每人分發一頂喪禮祭拜時要戴的帽子，我則特別披上長長又粗粗的麻衣，腰間繫上白布條，我得意的用雙手拉起胸前的麻衣，對童年友伴說：「你看，我有這個可以穿，你們都沒有！」阿公在一旁聽到，抓起掃把氣沖沖的衝過來邊喊著：「夭壽死囡仔！今天，不打死妳這個不孝女，以後要怎麼做人？」我趕緊躲到阿嬤身邊，阿嬤抱著我痛哭說道：「這麼小又不懂事，唉！母死，父又亡，以後誰來養？誰來教啊？」

人生之大悲莫甚於此，棺材內躺著的是父親，我卻不懂父死的哀傷，把祭拜的靈堂，誤當為戲台；穿上麻衣的孝服，還以為是往常喪禮上的布帳所做成的新衣。這個無意造成的傷痕，在我內心永遠無法彌合。怪誰呢？造化弄人啊！悲哀啊！悲哀啊！

父親死時才四十八歲，未娶兒媳婦，大女兒又已出嫁，靈前早晚端洗臉水和拜飯的責任，就落在我這未足七歲女兒的身上。還有一件事就是陪哭。也不知是什麼例，親友來祭拜亡者，都要在距離喪家一段路程時，就開始嚎哭，邊哭訴著對亡者的懷念和無奈，喪家這邊一聽到哭聲，也急忙的跪倒在靈前痛哭，有時我哭不出來，長輩告訴我，只要大聲嚷著哭就是了，有沒有眼淚不是重點，兩邊的哭聲就這樣呼應喊著，一直哭到弔喪者來到靈前，雙方再呼天搶地比慘的大哭一番，直到旁人來勸止。若沒人來拉就自己起來，會讓鄰居罵不孝。

一段時日後，家中不再常有人來哭祭，長輩也較少來指導禮節，從每天端洗臉水、祭拜飯菜，改成初一、十五祭拜即可，習俗上會有一碗滿滿白飯，一碗平整的白飯，據說滿的那碗是給父親用的，平的那碗是讓他分給旁人吃的。小哥哥未離家學藝時，我們會一起祭拜，當三炷香拿起，我們同聲說：「阿爸，回來吃飯喔！」稍後，就搬來椅條，小哥哥拿平的那碗飯給我，他則食用滿滿的那碗，就這樣在靈桌旁陪父親吃飯。食用後，又再同聲說一句：「阿爸，吃飽了！」

古有明訓：「生前一杯水，勝過死後百重泉。」但台灣人死要面子的習俗，愈演愈烈，從「師公仔耍寶」，用哭聲比大、比長來凸顯孝順，到出殯時的陣仗更離譜，哭已可花錢請人代勞，例如「五子哭墓」、「孝女白琴」。說是對亡者的孝順，還請人大跳脫衣豔舞，但看來是有點侮辱亡者！有頭有臉的人家，租了十來輛賓士進口車繞街，不知亡者生前兒女有用賓士車陪他旅行過否？

後來我到了美國，看到西方人對喪禮的安排，倒不失可做為參考。他們的孝男孝女不必披麻戴孝，和其他來參加喪禮者一樣，一律女士著黑色小禮服，男士則穿黑色西裝、結領帶。我想如果我生在美國，當年就不會發生窮苦人家的稚女，將「麻衣」當成「新衣」的諷刺事件。

在西方，哀榮的喪禮，處處可見頻頻拭淚的人，但沒有半點哭嚎聲，全場只聽得到牧師的禱告和柔和的聖歌、聖樂，肅穆祥和的和亡者道別。喪禮後，親友會聚集到亡者生前的住處，家屬備有茶點，再由幾位與亡者較親的人士，輪流闡述著亡者生前令人懷念的往事。喪禮之後，若逢相關的紀念日，家屬會帶上野餐用品，到亡者的墓前陪亡者「用餐」。

這種全家一起「吃飯」的感覺，非常溫馨，當時小哥和我會天真的在靈桌上，和父親一起吃飯，我想就是對「這種感覺」的渴望，奢望父親猶同在世，陪我們一起吃飯，很正常不是嗎？內心視亡者猶如在世的對待，勝過表面上刻意偽裝的孝順。

山野童年

從七歲起，我可以說居無定所，三年有十次收拾包袱換家的經歷，兩進兩出在大姐家和屘叔仔家輪轉著，居住大姐家時，還遇上搬四次家，加上我自己返山獨居過兩次。這樣漂泊寄養的童年生活，養成我自尊心非常強，但卻又沒有自信的條件，這樣的性格，造成我後來在成長的路上有許多磨練。

過了父親周年忌日，大姐曾接我去住一陣子，後因遭到大姐夫家的大伯反對，我親眼目睹他拿西瓜刀要殺我大姐，幼小的心靈蒙上了陰影，自認是個不祥的人。後來大姐無奈的將我送回山上的住處，當時阿公阿嬤是跟屘叔仔一起住，我也就在他們家搭伙，或許我太頑皮了，也或許我自尊心太強，總有寄人籬下的哀怨。

阿公是非常有威嚴的人，以前屘嬸下山出門，只敢告知阿嬷，再偷偷的到山下轉彎處換衣服，若帶零食回來，只好喊小孩到後面豬寮旁，偷偷的享用，有時我看到他們圍在一起吃東西，猛嚥吞口水，卻不知道要如何開口，表明自己想吃的意願。有一回，堂兄回來見到他們在吃東西，就直接開口說：「吼！你們在吃什麼？我也要！」然後很自然的加入他們。

我看到堂兄這麼容易就有東西吃，心想，下次我也照這樣演出。可是，當我也對著他們大聲的說：「你們在吃什麼？我也要！」一時，可能太突兀而嚇著他們了，屘嬸手中的西瓜直接掉落到豬寮裡去，不知情的我，誤以為她寧願餵豬都不給我吃！自卑心作祟，我總覺得我不受歡迎似的。

倔強的我，向大哥表示我可以自炊，於是大哥放了一些菜錢在阿公那。但阿公節儉慣了，只交代蔬菜類自己到菜園去拔，他隔個三、五天，再幫我買小魚仔回來。那是市場上最便宜的魚，大小如手指般，聞味非常腥臭，吃起來也帶點苦味。但讓我心酸的是，我經常看人用這種魚拌飯餵貓。

以前每個家庭人口眾多，吃飯時男人才有座位，女人總是等到餐後在廚房解決，小孩添了飯菜就統統跑到庭院去吃，當然是邊吃邊玩，最常玩的遊戲，就是猜一猜誰碗內有什麼菜？這時我就會羞愧得跳到石頭上，趕快把碗內的飯菜扒光，讓人猜不到我吃些什麼？若是偶爾一兩次阿公有買「小捲」回來，我會珍惜的分開幾天吃，而且吃時還會將「小捲」圈套在手指上得意的示眾。

窮會讓人更想賺錢！相信嗎？我七歲就會賺錢了，而且不只一種方式喔！

遍山的蘆葦草就是我的金礦。至今六十歲以上的人，大都見過蘆葦草花做成的掃把，但知道蘆葦草的葉子也可加工賣錢的人，可就不多了。要將蘆葦草葉變成錢可要費一番工夫，除了上山割蘆葦，還須有草繩搭配，唯一的工具是阿公幫我釘製的，兩片三寸寬、四尺長的薄木板。兩片木板整齊並排，朝上方的那一邊每隔三寸鋸一個凹形缺口，然後兩頭的中間夾著，已釘成A形的木架當腳架，形狀似柵欄。

工具有阿公給，材料可得要自己來。鄉下稻草不值錢，隨處可取，費工的是每根稻草都要去掉外層，再三根三根的放在大腿上，來回磨揉成草繩，每條草繩長度約十二尺，頭尾捲成兩坨，中間留一尺寬，再一一的放到木架上的凹槽。接著將晒乾的蘆葦草兩枝，一頭一尾的也放進凹槽內，從邊上開始將單數槽內的草繩，交叉換邊的把蘆葦草綁住，再從另一邊折回時，交叉的動作是在雙數的凹槽，如此反覆的「編織」，約有五尺長時，則算完成一件「ㄍㄚ ㄐㄧㄤˋ」，這是台語音，因未曾聽人以國語命名此物。它是用來裝比木炭較灰色的火炭塊。

每隔一段時日，賣木炭的商人就會來收購「ㄍㄚ ㄐㄧㄤˋ」，每件的價錢一塊半，家家戶戶都搶著賣，可能他們資源多，沒感覺花這樣的工及時間，和這樣的利潤是不成比例的。我做好之後先留著不出售，等到暑假結束，貨源較不足時，收購廠商跑得比往日勤時，我再把我所做的「ㄍㄚ ㄐㄧㄤˋ」拿出來晒太陽，吸引廠商的注意，最後我都能以每件一塊七毛五的價格成交。

我這樣不厭其詳的敘述，是要證明我真的七歲就會賺錢！除了編織「ㄍㄚ ㄐㄧㄤˋ」，在砍伐樹木的季節，我還會跟隨大人上山扛木材賺取工錢。山頂上有些地方，距離木材廠架設的「流籠」遠些，成天在山上奔跑訓練出腳力的我，就有外快可賺了。我協助把山頂已砍伐的木材，搬到山下指定的地點，每趟約費時一個半鐘頭來回，搬下來的木材都要秤重量，依累積的重量收工前再一起領工資，雖然是苦差事，做起來很累，但一天下來卻有三、四塊錢。

這些有樣可學的工作，再苦再累都難不倒我，因擾我的是生活上的問題。像上山扛木材、砍蘆葦草前，我經常因為累而貪睡，直到隔壁人家大喊：「雲仔，上山囉！」我才從被窩裡鑽出來，匆忙的在腰間繫上阿爸遺留下來的刀削架，大得可以蓋滿我的屁股，所以沒時間也沒空間，讓我像其他的人一樣再多掛一個飯包。

午飯時間，我會跑遠一點，啃上山前順手在院子拿的生地瓜或大黃瓜，有時就地摘些野果子吃，最常吃的就是橘子。有時，族親的兄長會抓些青蛙啊、蛇啊、鳥啊等野生物，或是煮湯，或是烤來吃。煮蛇時，會遵照大人教的方法，丟幾粒白米下去一起煮，若米熟時未轉變成黑色，證明這蛇沒毒，可以放心大口吃喝。

下山回來，別人家已有熱菜飯要上桌了，我才要淘米起火煮飯。第一次煮飯時，我想我的食量是一碗飯，心想要吃三餐，就淘三碗米，按照阿嬤教的比例煮，哪知煮起來的飯是滿滿的一鍋。當下我還幻想，是不是已經去做「神」的阿爸為了怕我餓著了，回來把飯變多給我吃的呢？我因此趕緊燒香叩頭向阿爸禮謝呢！

飯煮太多吃不完開始有餿味時，我問阿嬤如何處理？答案是加醬油炒。但吃起來還是酸酸的耶？嗯，大概是醬油放得不夠吧？再加醬油，結果又太鹹了。那就再加水……。有時柴火潮溼點火不著，人又累又睏時，只好把棉被抱緊點，因為睡著就不知餓了。

我的童年過著此般的山野生活，當然，我也如此的幸運，活了下來！

哥倆好，趣事一簍筐

四哥大我七歲，我都叫他「小哥」，比起其他兄姐，我倆性情相近些，我成長的歲月裡，有幾件糗事都和他脫不了關係。

當時家中只剩我們兄妹倆，實在不會「過日子」，但日子總要過啊！就拿最平常的穿衣和吃來說吧！父母過世，大姐嫁了，三個兄長都出外學藝謀生，他們人不在，但箱子內衣服都還在，我和小哥每天拿不同人的衣服出來換穿，還很高興都不用洗就有衣服換。誰知日子久了，箱子也空了，而屋角則多出一堆像山的髒衣物，怎麼辦？在我心中像英雄的小哥，一定有辦法的。

果不出所料，小哥興高采烈的拿回一包我從沒見過，商品名叫「非肥皂」的洗衣粉，他對我說這是一種新發明，任何髒東西用這種粉一泡，馬上清潔溜溜。於是我們開始動手「洗衣」，洗澡的盆子已放不下我們的髒衣物，四哥又異想天開的把屋梁上的「鴨母船」（以前我們家養鴨子時所使用的圓形小船）拿下來，它的直徑約五尺寬。小哥把所有的衣物都放進去，一包「非肥皂」粉也全灑進去，再注八分滿的水，我和小哥兩人四腳就開始在裡頭「洗衣」，我們繞著圈子邊踏邊跑。停！小哥一喊我們倆同時停下來，搖搖晃晃的想要互相拉手，試了幾回才對準彼此而拉住，對望彼此臉紅氣喘的樣子，我們大笑不止。

但盆子裡的泡沫愈來愈多，我們嘗試清洗許多遍，泡沫卻怎麼都去除不掉。聰明的小哥想到搬到溪邊洗會容易些，於是找來了一群鄰家的小孩，大家一起將「鴨母船」推搬到溪邊。小哥又再下令，叫大家把衣服一件件放進溪水中，再用小石塊壓住，讓溪流自然的把泡沫沖流乾淨。

小哥說為了答謝大家，要帶大伙兒到鄰近的果園摘芭樂。吃完芭樂，大家玩騎木馬、官兵捉小偷。天都快黑了，我們才想起衣服，跑回去要收拾時，哇！怎麼剩下沒幾件？這才發現，有些被擱淺在不遠的下游處，我們趕緊去尋拾回來，但有的則永遠再見了！生性樂觀的小哥安慰快滴下淚水的我說：「正好，以後我們就不用洗那麼多衣服了，而且我們家又沒大人，回去不會挨打，不用哭！」

超愛吃！超愛哭！是我兒時的寫照，而且哭的頻率「隔時不隔日」，可說天天都發生，只要沒得吃就用哭來表達，一哭就難止住，大姐形容我的眼淚像水龍頭一轉就有，不塞住不會停。但「惡馬惡人騎，胭脂馬遇到關老爺」，我的剋星乃小哥是也，每次他要止住我的哭鬧，就會帶我到果樹下，跪著雙手合著，向老天爺賠罪禱告：「天公伯，我名叫秀雲啦，我很愛哭，又很饞嘴，以後我不哭了，請你賜給我果子吃！」這時受小哥拜託躲在樹上的堂兄們，就會丟下一兩粒果子，我趕緊撿來吃，吃完，小哥又命我再重複禱告一次，我就又有一些果子吃。他們以捉弄我為樂，在一旁笑到不行，我算活該，反覆的叩頭謝恩，而且肚子撐到不行。總之雙方皆大歡喜。

我的貪吃問題還不止於此，鄰近只要有人晒菜乾、蘿蔔，或醃漬菜類，小哥就會帶我前往主動幫忙，借試吃的機會咬大口一點。逢年過節要祭拜，家裡人來客往的，為了有面子，屋梁上總垂掛著許多雞鴨臘肉。我每天抬頭望，低頭就猛吞口水，但都要等親戚來訪，這些臘肉才會上桌。

好不容易上了飯桌，輪到小孩吃時，怎麼盤子一換，盤裡盡是些頸脖、翅膀、腳爪等部分，大人說，多肉的部分，是要收起來招待下批客人的。但「長孫和屘仔」是例外，他們被叫在後頭吃雞腿！為什麼？他們得寵啊！哦！原來在大人心中占有一席之位，就會有雞腿吃。小哥灌輸我這個觀念，這個原理到大哥當兵回來開餐廳時，我都還在實驗，縱然餐廳內有吃不完的精緻料理，但我還是常常出其不意的跟大哥要雞腿吃，以測試我在大哥心中的分量，是否有因他的娶妻生子而減輕。

小哥當兵時，我已經讀書識字了，所以會和他通信，但信的內容只有我們彼此才看得懂，咱們就來個現場測驗，端看各位看倌們的智慧囉！我攤開信紙描上一個我的拳頭，未有隻字片語，就寄給他。四哥回信了，信紙上繪了幾根竹子，綠竹下有個小女孩在張望，你能會意嗎？宣布答案吧！我紙上畫個拳頭表示「手頭緊」，請寄些錢給我花用吧。而小哥回信中的女孩指的是我，站在竹子下，意思是「竹腳等」（台語），意思是「有你等的囉」！

再來一個啞謎。有一次小哥畫一隻馬脫韁跑了，我回寄他一張空白的紙，正中間撕個洞。他這次生氣了，畫一排牛車緊連著，而牛則在瀉肚子。你猜出這一來一往的含意嗎？小哥的來信是向我訴苦，他的「馬子」（軍中對女友的稱呼）跑了；我要他「看破」（台語），也就是放下的意思。他生氣的罵我「拖賽連」（台語），就是可惡透頂的意思。怎麼樣，我們兄妹的默契，是「世界第一等」吧！

我非常慶幸有這麼一位樂觀的哥哥，陪伴我度過艱苦的成長歲月，他讓我學會「苦中作樂」的好處，也讓我懂得在逆境中求生存。我深信歷經病魔萬般摧殘的我，尚能樂觀的存活著，這段隨時尋找生活樂趣的「培養」，也是原因之一。

印象派風格上學記

山下有一個吳沙紀念館，是我們全村唯一的「區域活動中心」，無論國軍文化訪問團的宣導活動，或是選舉時的造勢集眾，它就是最佳場所。乃至一年兩季農忙收割時的晒穀場，或是大排場的宴請等，都會在那裡舉辦，它是我們生活中不可缺的「公用地」。公用地旁，設有一所幼稚園。

阿爸農忙時一向都在田裡割稻，很少參與晒稻穀，有一天他特別提早下工，來到這個「公用地」，要來帶我一起回家。當時的我，正趴在幼稚園的窗戶邊，專注的看屋內一群小朋友，圍在一起唱歌跳舞。阿爸見我沒反應，走過來看我在做什麼？我們父女的拉拉扯扯，引來屋內老師的關切。

阿爸問老師：「我家的小孩可以來嗎？」老師答說：「歡迎！」「那麼明天，我這個女兒就送過來！就拜託老師管教了！」阿爸很歡喜的說。第二天一早我們到時，門還未開，阿爸說他要先去田裡工作，叫我自己等。

下午，阿爸來接我時，老師請他繳納學費。回家的路上，阿爸碎碎唸說：「公用地，囡仔來玩要也要交什麼錢？明天不要再去了！」這是我這輩子唯一上過一天的幼稚園，還沒來得及了解什麼是「上課」，就「畢業」了！

兩三年後，終於再度上學了，這次是進小學。由於失去雙親自小我一個人過慣了，從沒真正學會生活應對上的禮儀規矩，所以不怎麼會照顧自己，更沒有長輩的叮嚀。記得入小學的第一天，全班同學都比我矮一截，不是我長得高，而是我分不清楚學校的書桌和家裡的「椅條」（長板凳）有什麼差別？就直接坐在書桌上，兩隻腳還不停的晃著，並不時發出撞到桌腳「叩——叩——」聲響，在全班新生緊張等待老師來之前的教室迴盪著，惹來所有同學都對我行注目禮。

開學後，一個七歲的小孩，因為沒有大人的照顧，服裝、儀容、衛生、文具甚至書本的整潔都不及其他小孩。更糟的是，老師上課的速度，是針對已上過幼稚園能認注音符號的程度在教。記得第一次隨堂考，我只聽懂是非題的講解，面對選擇題，還是以○、×答題，後來換來一頓打，也不懂如何向老師說明。狀至愚蠢的我，當然交不到朋友，在那樣的環境下產生的孤獨感，以及內心的自卑，深深影響著日後的求學歲月。

升上國中的第一堂課，是兼教國文的班導趙老師的課，可能為了便於了解全班新生的概況，一如慣例，她在黑板上寫下作文題目——「我的家」。一看到這個題目，不知為何，引發了我不平衡的情緒，加之新入學的惶恐，我脫口就喊出：「都上國中了，怎麼還出這麼幼稚的題目！」這下子，引來全班同學的注目禮。

我頓時好尷尬，但老師也很傻眼，稍後，老師叫我上台說明為什麼反對這個題目？靦腆中，我上了台，直言：從小學起每學期的第一堂課，作文題目都離不開「我的家」、「我的爸爸」、「我的媽媽」等，這對於從小就失去雙親或失去家庭、過著寄人籬下生活的學生，是一個非常殘酷的題目……我滔滔不絕的說了三分多鐘，側頭望老師一眼，發現老師正在擦拭眼角；我走下台後，耳後響起如雷的掌聲。那一刻，對我一生影響甚鉅！

當我回座位坐定後，再看黑板，發現老師已用「我最尊敬的人」代替「我的家」，成為這堂作文課的題目。這一刻，我因受到鼓勵，振筆如飛，以大姐為主角人物，敘述六足歲那年，在我先後失去怙恃後，她接我去扶養的故事。

大姐因沒遵照她夫家大伯的要求，交上金飾嫁妝來彌補我的生活費，而受到夫家的刁難，我甚至目睹親家大伯拿西瓜刀欲砍我大姐，雖及時被居住在隔壁的親家姑爹攔下，但姑爹的背部卻代替大姐挨了一棍大伯打下來的門栓，剎時一條又長又深的血痕映入眼簾……。我這篇作文寫盡大姐姐代母職的辛酸淚，洋洋灑灑下筆不能自抑，打破我以往以以三兩行字交差的慣例。老師給了我這篇作文八十九分的高分，從此掃掉我作文課都不及格的恥辱。

有了這堂課的嘉勉，直覺好似有一道光射入我晦暗的內心，不但開始有以前未曾產生的自信，交織著我慣性的自卑，更掃除了我內心的孤獨感。之後，我被班上選為風紀股長，並長期任班主席，每周兩堂的說話課，第一堂永遠是我展現幽默的時間，趣味的故事題材、機靈的應對同學們所提出的問題，想不到「愛說話」會成為我的專才，重新替我贏得友誼，這在我平淡的求學歲月裡，帶來一絲燦爛的光芒。

孤女的願望

我，一個平凡的女孩，一九六〇年出生在宜蘭的礁溪鄉山中。從小雙親就相繼過世，家族中的長輩，決定把我輪流寄養在不同的親戚家裡，直到十歲那年，才由剛剛自軍中退伍、經營小本生意的大哥來扶養我。

因為如此的環境背景，無法給我完美的家庭教育，坎坷的遭遇，養成我憤世嫉俗和叛逆頑強的個性。

十七歲的心靈是最善變的，但當時我唯一不變的希望，就是——「獨立」。我渴望尋找自我，讓自己能夠遠離寄生蟲的陰霾。當時在鄉下，誰家有女初長成，好事的媒婆總是不斷的上門來穿針引線，希望能促成世間的姻緣。也許是我的叛逆心態，更可能的是我內在的善根在萌芽吐蕊吧，一句無心之言說出：「我不嫁！我要吃齋當尼姑！」之後，一位有心人聽了，於是引導我走進雷音寺的大門。

「佛學院是培養聖賢的搖籃」，我隨手翻閱堆在寺院一角的佛學院招生簡章，這句話瞬間吸引我的目光，我伏身盯住，左手拿起宣傳單再瞧個仔細，右手重力的拍擊大腿叫好！一直以來，我渾濁的迷思頓時清朗，心想，如能離家報考佛學院，不但能自我獨立，更應是成為「聖賢偉人」所該踏出的第一步。

佛學院遠在高雄，且進了佛學院最有可能的就是出家，這麼重大的抉擇，對我的人生到底好或不好？當時，我的身邊並沒有任何長輩或好友可以指點我。決定去佛光山之後，我先從宜蘭搭公車先來到台北，掛單當時佛光山在松江路的台北別院，等著見了星雲大師，請示之後，再南下。

我剛到達台北別院時，大家都在忙，沒空理我這個小孩子，只好回到房間。從十二樓的窗戶往外看，有一棟很漂亮的宅院。知客師告訴我：「那是一個知名的景點行天宮。那裡供奉關聖帝君。」一聽別人這麼一提，我才想到出門前，因為匆匆忙忙的，沒想到先去協天廟擲筊問神明我該不該出家？因為我的俗家奉行台灣傳統信仰，什麼神都拜。我家附近有一個協天廟和太子爺廟，香火十分鼎盛，我阿公大小事情都要去廟裡擲筊詢問神明的意見，包括他想要去環島旅行前，都要請示神明，到底從基隆出發，或者是從花蓮出發比較好？

這裡竟然有一個行天宮，我心想，那我就在這裡問神好了。但當時我手上又沒有筊杯，所以我想到一個變通的方法。我站在窗前面向行天宮，以廟前的十字路口的紅綠燈，做為我請示關帝聖君指點我的暗號，閉著眼睛念念有詞默禱：「恩主公啊！如果我出家的結果很好，就請示現我綠燈；如果我出家會很辛苦，請示現我紅燈。」一等喃喃念完之後，張開眼睛一看，居然是——黃燈。到底出家的結果是好或不好呢？神明給了一個要我自己去參的答案。

進入佛光山，半年即出家

在寺院裡，我所聽、所見、所聞、所遇，無不令我嘖嘖稱奇！我發現，為什麼沒有人發號施令，而大家的動作卻能那麼整齊？為什麼平淡的寺院生活，卻有那麼多的快樂？為什麼沒有工錢，大家卻搶著做工？為什麼「呷菜」的人也吃飯呢？為什麼與我非親非故的人，卻能帶給我慈愛親切的感受？更難得的是，寺院裡的人，對我突然發出的冒犯言語，在一個訝異的表情之後，不但沒有責備我，隨之而來的，卻是親切的笑容及耐煩的語調，為我講解口業的果報，並教導我正確的佛門用語。

溫馨的生活令我柔軟安適，但更強大的是我的好奇心。我告訴自己，我不想再回到以前的生活度過一生，我需要新的生活來改變我的後半生。

在佛學院，度過了近百個暮鼓晨鐘的生活之後，那年農曆四月初八佛誕節，適逢國曆五月的母親節。耳聞「一子出家，九祖升天」，出家功德可以回向給父母親，度雙親脫離輪迴，在佛教出家是一種大孝之舉。我決定除去三千煩惱絲，將功德回向給今生緣分淺薄的雙親。心中更想著，出家後，我就可以過著無煩無惱的日子了！

誰知寺院的生活不全是我想像中的樣子。我原本是一個無人管的山野間孩子，於山中過慣了「泰山」式的生活，爬樹、蹦跳、吼叫、野炊……這些原本日常慣做的事情，進了佛學院以後，統統都是禁忌，反而被教導要時時刻刻「行如風、立如松、坐如鐘、臥如弓」，遵守出家人的四大基本威儀，且一切作息都要遵從鐘板號令……。

自由自在，原本是我對出家生活的想像和理想啊！我就是為了要追求無拘無束的生活才出家的呀！萬萬沒想到出家人在行為上還要守那麼多的規矩。因此初入佛學院之門，在訓導處的記錄上，我是過失不斷的累犯。可憐的我，憑著一點小聰明和對佛法粗淺的認識，常對老師扯一些歪理，弄得師長們啼笑不得，又不屑與我對辯。老師們表面上保持「沉默是金」的君子風度，實際上對我是「默擯置之」。唉！當時的我，還自以為是辯才無礙呢！

期望成偉人，安住作僧人

除了行為和作息處處被約束，佛學院的功課也是不容鬆懈的。才剛開學，老師就規定我們要學會唱〈爐香讚〉，還要數打拍子；同時要背誦〈大悲咒〉和〈十小咒〉，一星期之後就要驗收成果。當我初翻開課誦本準備好好猛K一翻，哇！差點叫出聲來，這些發音拗口的咒語和章句，目視讀之都困難，更遑論了解其意，還要在一星期內背誦起來？我在心中暗罵自己糊塗，為何沒事先問清楚，讀佛學院要具備哪些條件，就冒冒失失的踏進來，這下栽跟頭了吧！

每則咒語都念得期期艾艾，翻了翻，直到最後一則，文句念起來比較熟悉，雖然也是不懂含意，但至少可順暢的念出，「般若波羅密多心經，觀自在菩薩行深般若……」。這是我首次接觸《心經》，在腦海中留下鮮明的印象！

雖然小錯不斷，功課也做得糊里糊塗，但我卻自此安住下來，且從來不曾後悔那麼年輕就進入佛門。我想，這一方面是對兒時成長環境的反抗，當然更多的成分，是深信我與佛有緣，會在佛的引渡下成為「偉人」。

雖是這麼些許的夢想，甚至只是對「偉人」的一種想像和執著，但小小年紀的我，已經懷著無比的「毅力」，想要效法神秀大師，將肉身當作菩提樹，將內心視為明鏡台，開始磨練自己「呷苦菜」、「修苦行」、「練不倒單」……。

我將佛學院的生活作息調得緊湊無暇，快撐不下去時，就不斷的自我告誡：「天將降大任於斯人也，必先苦其心志，勞其筋骨，餓其體膚……」但隨著日子一天天過去，我卻發現自己一丁點可修練成「偉人」的跡象也無。

數著日月的交替，距離我追逐理想、奢望成為「偉人」而跨出步伐的當日，已有萬次的更迭了，然而我依舊是「凡夫」一個。雖未能忝列聖賢，卻比一般「俗人」好些，至少有個尊貴的「僧寶」封號。此乃仰仗「佛寶」之光，運用「法寶」之能而得的身分，舉凡信徒家中親人往生的告別式，或締結良緣的婚禮，或添丁弄瓦的彌月之喜……「僧寶」皆有機會受邀前往祝禱吉祥。當年失恃失怙的孤女，憑著對出生環境的反抗、憑著對佛菩薩的一股與生俱來的嚮往，就這樣，在佛門找到安身立命的家。雖然未能成為偉人，但成為僧人的我，再也不會因為人生的孤苦，而失去信念，因為佛教的信仰，也不用再於茫茫的人海中沒有方向而漂泊了！

PART 2 佛門的召喚

年輕莽撞的我，
進了佛門還不懂佛門的規矩……
原來我的表現好或不好，
會影響到別人，
那是我第一次體悟到我不能太任性。

動靜得宜的雕塑師——心平和尚

心平和尚是星雲大師男眾的大弟子，他的梵唄、唱頌及法器，在佛光山無人出其左右，素有佛教界的「金嗓子」之稱。當年星雲大師初到宜蘭雷音寺，成立念佛會接引信眾時，還在宜蘭擔任印刷廠小老闆、俗名吳天賜的心平和尚，就常到雷音寺做義工，幫大師掃地煮水、整理庭院、端茶拿飯。他有心跟隨大師出家，但大師當時還沒有自己的道場，不敢收受徒弟，於是心平和尚就持續做義工。

後來星雲大師在台北三重設立一個佛教文化服務處，流通佛學叢書及法器文物等等，未出家前的慈莊法師就在那裡服務，她以嬌小的個子，穿著細跟的高跟鞋，天天推著向對街菜市場借來的沉重手推車，到郵局去寄大師的書給海內外地區的讀者。眼看工作實在忙不過來，大師就請尚未出家的心平和尚來幫忙，心平和尚一接到師父電話，四個小時之後，就從宜蘭趕到三重，對著大師喊一聲：「師父，我來了！」

心平和尚跟隨星雲大師出家後，先在高雄佛光山幫忙大師開山整地的工程，後來再回宜蘭擔任雷音寺的住持。一九七七年，我去雷音寺參加念佛共修後，興起到佛光山讀佛學院的意念，心平和尚趁著星雲大師到雷音寺主持彌陀佛七法會時，向大師報告這件事，大師也應允了，於是我向大師表明過完年就去佛光山。元宵節那天，我帶著行李先到雷音寺，心平和尚帶著我，再到松江路的台北別院見大師。

因為自小失去雙親，兄姐各自有工作和家庭，孤獨長大的我對世事理解得很晚。少女時代，從眼中看去，男生、女生，本省人、外省人等，在我的觀念裡沒有差別。十幾歲的我提著沒有輪子裝置的大行李，心中暗暗埋怨大我二十幾歲的心平和尚，為什麼不幫我抬行李呢？

那時候的心平和尚較瘦，相貌清秀，我也不覺得我們之間有男女之別，更不懂出家人和在家人的僧俗之分。從宜蘭到台北的北宜公路上九彎十八拐車程中，因暈車關係我睡得昏昏沉沉的，有時大頭會歪斜的往心平和尚方向倒，心平和尚則非常嚴謹的縮身和我保持著距離。

到了佛光山之後，我對一切都很陌生，也有很多不適應。我內心總覺得是心平和尚帶我來佛光山的，他就像我的家人，於是我想去找他。有人告訴我，心平和尚住在男眾學部，但那裡是不開放的！我說：「我知道男眾學部在哪裡呀！我自己去找他。」一到男眾學部，我大聲叫喚心平和尚，還想自己跑上樓去找他呢。年輕莽撞的我，進了佛門還不懂佛門的規矩。

有一天，心平和尚見到我，對我說：「永文法師，我帶你來到這裡，大家都認識你了。你有任何好或壞的表現，人家都會來告訴我。希望我下次回來的時候，人家不會來跟我講你有什麼不好。」心平和尚的話深深觸動了我，原來我的表現好或不好，會影響到別人，那是我第一次體悟到我不能太任性。

心平和尚外表雖然嚴格，實際上他的個性非常隨和；而且他的心胸非常寬闊，對後輩更是包容關愛，是一個永遠都不跟別人計較的人。佛光山過年的時候，信徒、遊客來山朝拜非常多，心平和尚都會回來負責最辛苦的工作，廚房內的鍋碗瓢盆很大、很多，每年都是他帶領著小沙彌們去洗那些大鍋子和碗盤，事實上沙彌們互相玩水的時間居多，最後總是心平和尚獨力完成這些刷洗工作的，回寮之後還要幫沙彌將溼答答的衣物洗一洗晾乾。心平和尚對工作從來不計較是你的或我的，乃至比較工作的勞逸之別。

星雲大師的徒弟很多，大多數人，若有什麼好的表現，都很喜歡讓大師知道；有什麼場合，也很喜歡去站在大師旁邊，但心平和尚永遠都默默的躲在後面。我曾經問過他：「為什麼大師兄不去站在師父的旁邊？」他回答：「大家都站前面，那後面誰來站啊！何況，後面比較寬闊呀！」

心平和尚一直有大師兄的風範，是眾師兄弟們學習的楷模。他與師兄弟間相處從不比較彼此間的優劣，都平等對待；在工作上，他從來不計較職務高低，也不揀擇工作的性質，這一點我一直想跟他學，但是一直都沒學得來。心平和尚還有一個大家都學不來的地方，就是他永遠不跟師父說「NO」。

心平和尚擔任佛光山住持時，每年山上的年節花燈及花藝布置，都是他親自督導的，有一年，他用花藝盆栽在不二門前布置一隻巨大孔雀，獲得眾人的讚美，也吸引更多人來山。隔年他打算去日本參觀一個花藝博覽會，以便吸收一些場地布置的概念。當他訂好機票，也整理好行李準備出發之時，聽說星雲大師人在麻竹園，於是囑咐侍者將車在麻竹園門口暫停一下，他下了車，趕快跑上二樓，要當面向大師告假。大師問他去日本做什麼？他回答去看花藝博覽會。大師說：「那種事情哪需要你親自去啊？」心平和尚二話不說，馬上請侍者將車子停回去，並且退掉機票、解開行李，真的不去了。我心想：「如果是我，不可能做到這樣的！」

還有一次，星雲大師因為摔斷腿住院，心平和尚在醫院照顧，晚上就睡在病床旁邊的沙發椅。大師覺得病床不好睡，就對心平和尚說：「我這裡不好躺，跟你換位置好嗎？」心平和尚也是馬上答應。結果護士來了很不高興的說：「你們到底哪一位是病人啊？我要幫哪一位打針呢？」心平和尚就是聽話聽到這樣的程度，從不去分別大師的指示是合理或是不合理，正是叢林法則中「有理三扁擔，無理扁擔三」我執消融的寫照。

一九八五年，星雲大師決定退位，把開山十八年以來的住持職務交接給下一任。當大師宣示時很多弟子都哭了，幾位長老師兄更強力挽留，說大師才五十八歲，佛光山還很需要大師領導。但大師以遵守法制和世代交替之由堅持退位，並慈示：心平和尚是個很好的人選。

大家原本以為，比所有弟子都孝順大師的心平和尚，一定最反對大師退位，也會推辭大師的命令。當大師和心平和尚兩人在室內商談時，很多弟子們等在外面，豎起耳朵，以為會聽到兩人爭執的聲音。結果，門一下子就打開了，心平和尚一出來，大家問他：「師父要你接位，你答應了嗎？」他說：「師父這樣講，我就這樣做了啊！」心平和尚的想法很簡單：大師怎麼說，我們就怎麼做。

心平和尚不只對大師的教誨沒有分別，對人對事，他統統沒有分別，都用平等心視之。徒弟輩的小沙彌頑皮偷懶，把他洗好晾乾的衣服拿去穿了，留下一堆髒衣服給他，他也沒關係，默默的就把那堆衣服拿去洗了。

心平和尚非常注重威儀，只要一走出寮房，他的長衫短褂都是平平整整的，鞋子襪子也都是乾乾淨淨的。他房內的擺設，也永遠都是一絲不亂，窗明几淨。有一次我隨心平和尚及慧龍法師奉星雲大師慈命到南京雨花精舍探望老奶奶（大師的母親），才下飛機拿到行李，他就面色凝重的告訴我：「永文法師，我的行李被打開過了，因為我從來不會讓衣角露在行李箱之外。」心平和尚儀容端整的自我要求，也是向大師看齊的。

心平和尚侍大師如父，一切「以師心為己心，以師志為己志」，都對大師說「OK」，任何困難的使命，從未拒絕推諉，也沒有半句怨言。身處佛光山上千師兄弟之中，心平和尚領眾時心平如地，不曾發生人我是非，不允許任何人對大師不敬，他的肚量和慈悲少人能及。

我生病之後，心平和尚非常關心我的身體狀況。台灣的報紙都會有醫療版，每次心平和尚來美國巡視法務，都會帶一疊相關的健康資訊剪報給我，也開導我雖然身體有病，但身為一個修行人，心理可不能生病喔！有機緣到各區的別分院視察時，心平和尚也會讓我跟團到各處參學，我觀察到心平和尚也有著大師的特性——「處處留心是學問」。只要是新設計的事物，他就拍照留存，回來就研究改造成山上可適用之物。

心平和尚在一九八五年從大師手中接下住持重任後，因為當時海內外有很多道場在興建，心平和尚到處去巡視督導，很勞累，後來肝出了問題。我在美國期間，聽聞心平和尚的肝腫瘤要開刀住院，特地請假三天專程回來看他。手術過程中，醫師請家屬到手術房內，我陪著慈莊法師進去，第一層自動門一開，就看到檯上放置兩塊除下的肝，我和慈莊法師內心都清楚那是心平和尚的。主刀醫師和我們解釋為何需要切除到三分之二這麼大面積。當下，我沒辦法接受躺在病床上無法動彈的人是心平和尚，他還那麼年輕又那麼健康，從未聽心平和尚喊過身上有什麼病痛，每次見面都是他慈悲在垂詢我的病痛狀況，現在怎麼會這樣？我內心大喊著：「我不要大師兄生病！我要大師兄永遠笑臉迎人！」

然而心平和尚的肝病卻愈來愈嚴重，最後惡化到無法治療，一九九五年的四月七日，心平和尚以五十八歲的盛年，放下萬緣，捨報往生。心平和尚剛往生那幾年，我內心總是想，心平和尚又出國視察海外的別分院了，這次他去的地方比較特殊，是參訪極樂國土，好學的他一定會學習淨土的設施，再回來將佛光山打造成人間淨土。

這些年來，我常常想起心平和尚。我可以這樣說，在佛光山，不曾有任何師兄弟和信徒批評、嫌棄過心平和尚；如果心平和尚能多活幾年不知有多好，那我就有更多機會，向他學習如何不向師父說「NO」！

心平和尚離開我們匆匆已經二十多年了，我至今仍深深懷念他，因為他對我的開導提攜，改變了我的人生，他是我人生中的大善知識！但願心平和尚乘願再來，為人間佛教的弘揚，再獻心力！

航行中的燈塔——星雲大師

我出家之初，還是個十七歲的懵懂孩子，很想得到星雲大師的關注。有人告訴我，如果想要親近大師，見了大師就要說：「師父，我可不可以跟您借書？」因為大師最喜歡的事情就是讀書。我聽進去了，見到大師時，就向大師表示想向他借書。大師說：「你跟我借書，要有借書證啊！」我說：「我有啊，我有圖書館的借書證，只是還沒有用。」大師說：「不是那一種，我的借書證就是一篇你的自傳。我看了你的自傳，才知道依你的程度可以借你什麼書呀！」

於是我寫了一篇自傳給大師，內容當然是錯字一大堆的。結果大師就借給我一本有注音的童話書——《苦兒努力記》，可見那時我的中文程度有多差。看完之後，大師要我再看別的書，但是我告訴大師，我不喜歡看書，我喜歡做事。大師為了引導我多看書，就說：「你拿著借書證到圖書館，先不用借書，你只要看看架上排列的書有哪些種類？」我到圖書館內，看到架上的書有很多種，有傳記、有文學、有佛學等等。但我並沒有借來看，因為從小到大，都沒人教我讀書，我也不愛讀書。

大師又說：「不看書沒關係，那你再看看書皮有哪些顏色？看看書的封面設計、看看這本書為什麼取這個名字？想想這本書為什麼做這樣的封面設計？看過以後有什麼心得，你再來告訴我。」

這次我再到圖書館，發現有一套書全都用白色的書皮，叫作「徐訏全集」。我很高興的向大師報告：「我看到一套書全部都是白的，叫作徐ㄩˊ全集！」師父說：「是徐ㄒㄩ全集。很好，這次你至少不是只看到一本書而是一套書了，下次你可以把書拿下來，不只看書皮，還可以看看裡面的序，因為看一篇序就可以大致了解一本書的內容了。」

於是從書皮的顏色、封面的設計到書的內文，大師就這樣一步一步誘導我讀書。有一次大師問我以前都看什麼書？我說，歌仔戲和布袋戲有演過的書籍，例如《三國演義》。大師問我：「你認為《三國》裡面，關公、劉備和曹操，誰是真正的英雄呢？」我想了一下說：「當然是關公囉！」大師說：「我認為曹操才是英雄。」於是大師說了一番他認為曹操是英雄的道理。大師的說法和我以前聽到的不同，引起我的好奇。於是大師要我去借一本《三國演義》來，他再跟我說個明白。

我借來《三國演義》，手中翻著書；大師就坐在我對面，完全不用看書，就可以和我講書中的內容，簡直可說倒背如流。後來大師又叫我看《水滸傳》，也建議我看看《紅樓夢》。這些都是故事性很強且文學性很高的書，後來我開始愛上閱讀，完全得自大師的循循善誘。

大師為進一步教導我，要我當他的侍者，幫他謄寫文稿。以前沒有電腦打字，大師手寫之後，我再謄寫一遍。但我程度不好，很多字都

看不懂，也會寫錯別字，大師就耐著性子一字一字幫我講解。

有一次我們全班同學北上參加大師在國父紀念館的講座，回山後，很巧全班又遇見大師，大師就問大家：「這次北上參加講座，有什麼心得？用一句話形容就好。」同學們依序說出「精采絕倫」、「獲益良多」、「盛況空前」……我突然蹦出一句「最佳絕響」，大師望了我一眼未說什麼，待大家都說過並解散後，大師叫住我問說：「你知道絕響是什麼意思嗎？」我回說：「應該是很好的意思吧！」大師和顏悅色的跟我說明：「絕響」是形容一個藝術家人生最後一次的演出。我羞愧得跟師父道歉，大師反而安慰我：「沒關係！你是不知道才說的，你要多讀書就不會再犯這種錯誤。」我的程度就是這樣在大師的愛與包容中慢慢累進的。

當大師侍者的期間，我還見證到大師對他人的體貼及關照。早期交通不便，大師南來北往弘法，常常回到佛光山時，都已經開大靜了！

隔天早上，我清潔浴室時，都會發現一條毛巾綁在水龍頭上，我就問大師，毛巾為何要綁在水龍頭上？大師說，這樣可以讓水流聲變小，深夜不會打擾到別人。

有的貴客來拜訪大師，會帶來高級水果當禮物。但這些水果大師自己都沒享用，他都交代我送去給頭山門的老伯。我曾問過大師：「為什麼我沒有分到半個呢？」大師說：「因為你沒有半夜起來為我開山門啊！」

後來大師派我到美國。去之前，我很緊張，心想，我不會講英文，人生地不熟的，怎麼辦？大師安慰我：「不要緊，你去了就會講了。」我想，就算英文學不來，那我就好好做事吧！

到了美國後，大師又交代住持慈莊法師，要讓我們去念書。那時，依佛光山的體制，派出國念書的，都是資深且對山上有功勞、有貢獻的法師。有人勸大師說，永文法師的年紀那麼小，如果念了書後不

回來山上怎麼辦？大師說：「沒關係，就當作是一種實驗，賭賭看山上往後能否派些年紀小的到國外學習呢？看他們學成之後會不會回來？」

我輾轉也聽到了這樣的耳語，心裡就立定決心，不可以辜負大師的期許。我一口氣報名了三間語言學校，因為一個學區只能報名一間學校，所以這三所學校分屬三個不同學區。我上午、下午及晚上到不同的學校去念英文語言學校。我用死記活背的方法，拚命吸收所學。後來我聽說有一種 Adult High School（成人高中），各項教學及課業要求都要比語言學校嚴謹，但只要經過基本科目如英文寫作、數學、美國歷史和憲法等考試通過後，就可以拿到高中文憑。我報名 Adult High School 後，更努力的死背老師所教的課業，隔天就找主考老師考前一天所上的課，終於用半年的時間，就以優異的成績拿到 Montebello 學區高中畢業的文憑，被全校師生視為「超級女尼」。

我再接再厲，又去報讀加州東洛杉磯社區大學。當時外籍學生學費很貴（一個學分要九十六塊美金）。不知是何因緣，可能是菩薩相助吧！負責辦理的行政人員並沒有看我的護照證明，只問了我的社會安全號碼（類似身分證號碼），我隨口背出來，她就大印一蓋，當下成了當地居民學生，一個學分只要交五塊美金。

乘此善緣，加上我想趕快念完以報答師父慈悲栽培之恩，並早日回寺院服職，所以在一般學生最多一學期只能選修十八學分的規定下，我與顧問相談後，再徵得學校的簽署同意，我得以每學期都超修二十二個學分，而且只用一年半又一個暑假的時間，就修完了五十八個學分，所剩的兩個學分，學校同意我在畢業典禮後回來補修。雖然一樣是用死記活背的工夫，但是我的成績都是A和B之間。終於，一個來自台灣宜蘭山上的小孤女，在星雲大師的栽培下，就要從美國的大學畢業了！

只不過，就在畢業前兩個月，我生病了。

生病初期，為了溝通上的方便，在朋友的介紹下找了一位華人醫師，但因為找不出我時常發高燒的病因，最後醫師的結論是：百分之九十是肺結核。

雖然肺結核是一種傳染病，但當時我學校的同學有兩位是護士，其中一位還當過督導，知道這種病只要按時服藥，傳染性不高。這兩位同學都很幫忙我，知道我身體狀況不好，常常幫我在圖書館占討論室的房間，方便我一邊讀書一邊休息，甚至還每天到停車場幫我背書包。

但寺院裡的師兄弟卻怕被我傳染，不敢和我太接近，甚至不敢和我共用洗衣機。雖然他們的反應很正常，但我自己的心理變得很脆弱，總覺得他人的一個掩鼻或拂面的動作，都好像在排斥我。我也開始不和大眾一起用餐，總是盛了一碗飯躲在自己房內，拌奶油下嚥。

後來我的病在 Garfield Hospital & Medical Center（嘉惠爾醫院）

經過詳盡檢查，被確診為「Systemic Lupus Erythematosus（簡稱SLE）」——系統性紅斑性狼瘡（為便於閱讀，本書除提及正式名稱處，統稱以「系統性紅斑狼瘡」），當時我的檢查數據非常不好，而SLE在當時又是很難根治之症，醫師宣布我恐怕只有幾個月的生命。

每次一發燒，我的頭就痛得恨不得去撞牆。我的關節腫大、手指龜裂潰瘍、四肢痠痛，站都站不穩、躺也躺不平。雖然我的身體狀況很差，但當時住眾們有錯誤的認知，認為生病就是業障現前，生了病更應該為常住工作，才能消除業障，所以我還是和大眾一樣輪值所有的工作，典座時拿刷子洗鍋後，刷子就直接扎刺在手掌上。雖是如此痛苦，心裡總有個期盼：「我還能活著回去見師父嗎？」

我一直在等大師從台灣打電話來，心想大師這麼疼我，這麼用心栽培我，我辜負他老人家的期待，總要跟他致歉！至少和大師道謝告別之後，就算生命結束也沒有遺憾了。但我遲遲等不到大師的電話，內心的痛苦也愈來愈大。

終於有一天，大師來到美國看我們了。原來，大家因為怕大師擔心，沒有告訴他老人家我生病的事。大師把我叫去，開口第一句話就說：「我對不起你，我沒有把徒弟教好，大家都這麼沒有慈悲心，沒能好好的照顧你。」我哇的一聲哭出來，剎那間把生病以來，大家對我的排斥以及還要輪值工作等種種心結都放下了！

大師決定帶我回台灣。他說：「哪有什麼病是不能治的？美國的醫師不行，那我們回台灣去，一定會有一個神醫、一定會有一種解藥可以醫治你的病。」

於是我和大師一起回到台灣。回山以後，大師經常接待各路訪客，每次會客之際，大師開頭的第一句話，就是問客人：「你有沒有聽過系統性紅斑狼瘡這個病？知不知道哪裡可以醫治這個病？」若是有人提供了一些消息，不論是在多遠的深山或多小的巷內，大師都會叫我去看病。有什麼祕方，大師也都請人備辦來給我服用。有一次，有位信徒拿著一張報紙的報導來，說「鹿角靈芝」可以增強免疫系統，對治療系統性紅斑狼瘡應該有益。但當時台灣還沒有人在培植鹿角靈芝。

大師退位之後，開始有出國參訪的行程，我有幸隨團參訪，第一站就是到日本和韓國。在韓國時，到了一個山上，正好看到有一家店在賣鹿角靈芝，大師很高興，馬上叫我過去，並且把店裡所有的靈芝都買下來，連放在櫥窗裡當招牌的都不放過，就是為了要治我的病。我的病雖然還是好不了，時時都讓我的身心受到極大的磨難，但每當我痛不欲生時，就會浮現大師對我說的那一句「對不起」的聲音，以及大師父關愛我所努力做的一切事，就好像是一帖止痛藥，瞬間消解了我不少痛苦，讓我產生活下去的意志。

大師是那麼尊貴的長者，我們是那麼微末的弟子，但我竟然再次聽到大師對弟子說「對不起」。

民國六十六年時，有三十三位大專學生跟隨星雲大師在佛光山出家。大師希望這些弟子出家後不只是出坡作務及執行法務，也還能繼續研修佛學，於是決定開辦「中國佛教研究院」。但當時比較好的師資大多住在台北，聘請的教授無論坐車或坐飛機來上課，都太耗時又費錢，於是大師決定把研究院設在台北。正好有一位游師姐發心借我們一間靠近松江路佛光山台北別院的的房子，還有頂樓加蓋，吳寶琴師姑用標會來協助添置教室的桌椅，於是研究院的宿舍、圖書館及課堂都完備了。

研究院辦了一學期之後，游師姐因為被倒會，面臨房子要被法拍的困境。那時快過年了，大師想到好不容易才辦起來的研究院面臨無課室的問題，長老師兄們也都愁眉苦臉。但大師很快就打起精神，他說：「快過農曆年了，佛光山是很多信眾遊客春節出遊必到之處，我們回佛光山賣麵，想辦法籌錢，看能不能籌出三百萬買下游師姐被法拍的那棟房子。」

春節期間，來山禮佛的香客絡繹不絕，星雲大師親自掌廚，一大鍋一大鍋的炒麵。大師是為了讓來山的香客方便，不要餓肚子，一大盤素炒麵才賣十五塊錢。但可能素麵太好吃了，就在「來佛光山一定要吃素炒麵」的口碑相傳下，吃的人非常多！於是有記者報導：佛光山很會做生意，佛光山沒有修行，星雲大師比王永慶還會賺錢！

有天晚上，大師集合全院大眾，對著我們這些佛學院的弟子說：「我非常對不起你們！你們每天早上四點半起來做早課，過堂之後出坡灑掃、上課研修，下午再讀書或公務，晚上自修和做晚課，一天有十八個小時在用功辦道；可是外面的人卻說你們在佛光山都沒有在修行，這是我做院長的沒有用，讓你們受委屈了，我對不起你們！」弟子們聽了止不住的落下淚水，內心更酸痛不已，激進的學生憤怒的表示，要去告那位記者妨害名譽，但大師不同意，他說，對修行人而言，忍下他人對我們的毀謗，可以增加修行的福德資糧。

這種忍辱負重、以退為進的處世原則，星雲大師不只用言語來教導弟子，更落實在他的為人行事上。大師從住持退位之後，完全不插手寺務，開始雲遊各處，寫出廣度眾生的《星雲禪話》，而且還創立了國際佛光會。大師的身教，也深深影響了我。

我從小愛看戲劇，對電視方面很有天分，大師曾說我是「鬼才」。我雖然自許是一個病後被大師回收再利用的「剩才」，但當大師交給我開辦佛光衛視（人間衛視的前身）的重責時，我仍毅然抱病承擔。當時政府的法令很矛盾，規定電視公司要先有執照登記才能採購機器；但另一個規定則是要有器材設備，才能辦理公司執照登記。當時我對器材和節目都不懂，便禮請周志敏製作人和中視工程部彭年總經理和連錦源節目部經理組成顧問團，只聘請一位工程師和我一起工作。感謝工程師先調來一些舊機器應急，才讓我們辦妥執照。因為沒有多餘的錢請人，我連螺絲如何鎖、辦公桌椅的尺寸，及攝影棚內的一切物件……都要學會自己操作和採購。

開辦佛光衛星電視台，有一件事，我至今覺得很有成就感。原本SONY公司開價一億六千多萬的器材設備，經過我們與對方五次的約談，最後去掉一些暫時不必要的器材後，以六千萬的總價成交，為常住省下近一億元。

在與SONY公司協談的過程中，我費心的帶SONY的代表上佛光山，告訴他們佛光山的四大宗旨：教育、文化、慈善、共修，以及星雲大師為何要辦電視台的四大理念：一、秉承佛陀弘法理念，二、肩負社會教化責任，三、提升大眾信仰品質，四、促進家庭生活和諧。

在把佛光山的理念傳達給對方的同時，我們也同意將電視台開放成為SONY的展示間，並承諾將電視台的主控室以玻璃屋陳設在外的約定。巧逢SONY在台灣的辦事處要撤退，這位代表外派香港前，很想再完成在台灣的這項任務。最後一次雙方的約談，進行到深夜兩點，幾位請來的顧問都累得先回家了，這時我向 SONY 代表提出：「佛光山給我的預算是五千萬，所以您若認為訂單內的器材，有美國亞特蘭大奧運會所用的機器可以轉賣過來，那我就能以這筆預算來成交。」

SONY 的代表半閉著眼抓了半天頭髮，之後突然睜亮雙眼看著我說：「再多加一千萬，這約就簽定了！」我內心雖然狂喜砍掉了一億元，但仍不動聲色，繼續和代表協商說：「我們雙方先簽約吧！多出預算的一千萬，我再努力去爭取看看。」隔天我們的顧問團都無法置信，我竟能以少掉一億元的費用與 SONY 簽下這個約。顧問團同聲說，這應是菩薩眷顧我的苦心！

佛光衛視終於開台了，但因為經費仍短絀，開台之初，我只好先買一些只需付拷貝材料費的公版影片來播。公版的影片，在國際間的約定，就是從創作完成日算起超過五十年的電影，就屬於公共版權了。

大師將佛光衛星電視台定位為公益頻道，沒有廣告收入，經費預算雖低，但節目的品質要高，且是一個結合宗教、社教知識、家庭娛樂的綜合電視台，更是傳播純正、乾淨、健康、美好的頻道。

既已開台，當然也要開始籌製自製的戲劇節目。星雲大師為了表明電視台不是為了他自己而設立的，所以不上自家的電視。但很多觀眾深愛收看大師說法節目，我只好從台視、華視和中視拷貝回大師以前遊走三台的《星雲說喻》、《星雲法語》、《星雲說》等電視弘法節目，乃至大師在國父紀念館講經的影帶來播出。好在大師平常廣結善緣，這幾家電視台都很幫忙。

台灣在一九九五年時發了第一批有線電視系統籌設許可證，之後電視業者開始進入戰國時代，幾乎都是地方上有背景的人物在把持地方台。為了讓各地的佛光人能收看到佛光衛視的電視節目，大師也曾拜託幾位高官政要幫忙說情，但效果不彰！

我們請業務代表拜訪有線電視的業者時，有些業者會說：「你們的負責人都沒出現，太沒有誠意了！」所以有些地方台，我要親自去拜託他們將佛光衛視下鏈，輸送到各收視戶家。有幾次到了對方的公司，我尚未開口，對方就先遞根香菸給我，我只得接過來拿在手上，之後才有辦法與這些大哥談話。也有幾次對方講得很激動，口中正在咀嚼的檳榔汁都噴到我的臉上了，我也只能默默的忍受著。幾番請託懇求之後，多少也感動了幾家業者，願意接播我們電視台的節目。

因為開台初期節目的質和量皆未上軌道，當時我蒙受很多批評，而當時我的身體狀況很不好，大約每兩個月就要去住院三天打 3000gm 的類固醇，腳底長出膿包和血泡，連鞋子都穿不下。雖然又累又苦，但因佛光衛視是我從無到有努力出來的，內心有著很深的執著，不願放下工作好好治病。

然而後來連上層都對我有意見了。因為佛光山雖有製作過節目播放，卻未曾有辦過電視台的經驗；經營一個電視台所要面對的各種問題的複雜性，實在很難向上層報告清楚。因為不被信任的委屈，終於讓我動念放下這份職務。但在授權委外經營一段時間之後，因承接的人求去，短時間內找不到合適的人接手，常住又把我召回。

歷經兩進兩出的轉折，我的心情起起伏伏，後來也是思及星雲大師的「以退為進」法則，我才心開意解。大師雖在佛光山退下住持職位，接下來反而在世界各地成立國際佛光會，落實「佛光普照三千界，法水長流五大洲」的弘願。我雖不及大師的百分之一，但我應該效法人師，回歸出家人的本分。於是我終於坦然放下有形的職務，展開到各地講經弘法的法務。

也是興趣使然，我曾以義工身分協助製作《觀世音》連續劇。共有三個單元：《觀音老母》七集、《魚籃觀音》七集、《觀音妙緣》九集。該劇所銷售的 DVD 達萬餘套，足見民眾喜愛的程度，目前人間衛視已放在網路供人免費觀賞。

十年前，我亦曾以學習的義工身分，協助一部3D電影《佛陀的一生》的製作，目前在佛陀紀念館播放，民眾反應非常熱烈。《觀世音》連續劇和《佛陀的一生》的3D電影，都是大師指示要拍的，足見大師已洞徹，這是一個有聲音、有色彩的網路時代，以戲劇弘法是必定要走的路。期待未來在網路弘法上，我能有幸再盡一份力！

「退而不休」、「以病為友」是目前九十四高齡師父一生的寫照，也是我盡力要向師父學習的目標。

施無畏的前行者——慈莊法師

慈莊法師是我們的長老，是佛光山女眾法師的大師兄。因為從小受日式教育，慈莊法師對人講話，永遠是臉帶笑容、語氣柔和；但他嬌小的身形裡，蘊藏著巨大的力量，當年如果沒有他的堅毅果斷和勇敢，坐落美國洛杉磯的西來寺是無法完成開山；更可以說今天佛教能夠站上國際舞台，慈莊法師是功不可沒。

我和慈莊法師之間，有甚深的緣分。

未出家之前，我第一次從坐宜蘭念佛會的大巴士，要到台北中山堂聽星雲大師的演講。人數超過原先預訂，造成大巴士超載，幾位信眾連我都無座位可坐，當年沒有雪隧，北宜公路的九彎十八拐是出名的，下車時全車的人都已暈得七葷八素。結果一進中山堂，也是大爆滿，我們一行人又是沒位子可坐。正在煩惱時，看到一位個子嬌小的法師在和中山堂的管理員交涉，希望他能答應我們，去隔壁教室搬椅子來放在舞台兩旁的空間，讓更多人有座位。那位管理員大耍官威，不斷的拒絕，但那位法師不放棄，一再的拜託，仍然不被允許。

直到演講開始的前一刻，那位法師突然態度一轉，對他身邊的幾位學生說：「同學們，到隔壁教室去把椅子搬出來，有事情我負責！」就這樣，我終於有位子可坐了。後來我偷偷問人說：「那位法師很慈悲又很有威嚴，到底是誰呢？」那人告訴我，他就是慈莊法師。因為這個事件，慈莊法師成為我的偶像。

後來我到佛光山皈依，填申請表時，我就填寫要皈依慈莊法師。結果拿到皈依證書時，上面寫著我的皈依師父是心光法師。當時年輕不懂事的我，竟拿著那張證書說要退回，大聲嚷嚷：「我不要這位師父，我要慈莊法師。」承辦的人笑笑的告訴我：「攏同款哪（都一樣）！」

我以為他在安撫我，說皈依哪一位師父都是一樣。很久以後我才知道，心光法師就是慈莊法師，「心光」是慈莊法師的內號。

我出家之後，俗家的四哥在婚禮上未見我出現，就帶著新婚的太太來佛光山找我，四哥當時並不知道我已在佛光山落髮了。我和四哥的感情很好，而今我們僧俗分別，要和他見面，我的心情很波盪，不知道見面時要說什麼才好。於是我去敲慈莊法師的門，請示他該怎麼辦？他安慰我：「醜媳婦都要見公婆，何況你這麼莊嚴，當然要好好的跟哥哥見面。」哥哥嫂嫂來的那一天，慈莊法師特地在百忙之中，抽出時間陪我一起和哥哥會面。

一九八一年時，我不到二十歲，奉派到美國西來寺，當時慈莊法師是住持。赴美之前，我心想，我不會英語，也沒有國際駕照，但我很會料理食物，所以我一口氣做了五件圍裙帶過去，代表我要好好做事的決心。

但到了美國，才了解建寺的困難，比我想像的還難千百倍。西來寺籌建之初，因為附近有居民反對我們，不但半夜會來破壞我們的招牌、打破我們的盆栽，甚至還敲破車窗玻璃和刺破車輪，甚至丟土製炸彈進來恐嚇，充滿敵意。

而光是召開公聽會和居民協調會，前前後後辦過一百多場，一次一次的上法院，這對我們這些人生地不熟的新移民來講，是很艱鉅的，但住持慈莊法師無懼無畏，直接承擔下來。寺廟未蓋好之前，我們先定居在西來寺建地的對山一座馬場內。剛開始美國信眾並不懂得添油香，建寺又需要一筆天文數字，為節省裝修經費，從未學過建築工程的慈莊法師，親自帶領我們動手，將寬大的馬房裝修成可供信眾共修的佛堂、辦公室、客廳、餐廳、兩間客房。所以從地毯的鋪設、天花板的裝設、四周牆壁的粉刷、鑿壁開窗，乃至開挖化糞池、裝設洗手間和添置中式廚房設備等等，慈莊法師親自當起工頭帶領我們一一完成。除了工作上指導外，當時我們六個人都住在馬場內的House裡面，就像家人般相處，而慈莊法師就像我的母親，他不只哺育了我成長為一個健全人格的人，更教育我成為一個精勤、安分守法的出家人。

為了讓更多人了解我們建寺的用意，我們不但要忍受刁民的騷擾，還要走出寺院去連結對我們沒有敵意的居民，爭取他們精神上的支持，幫我們簽名連署。當然我們首先會以華人集中的地區為主，但也不是每個華人都認同我們，有人一看到我們，只會丟下一塊錢，然後調頭就走。

洛杉磯是一個擴散的城市，為了挨家挨戶尋求連署，往往要步行很久才到一個社區。有時走著走著走遠了，竟忘了！回程還要走回來，一天下來，腳底都長「水蜜桃」（大水泡）了。回到住處，還不能馬上休息，要先用打字機把資料整理成冊，以備下次公聽會呈交給法庭。

當時，身體的勞累是一回事，心理的折磨也很大。在台灣，有星雲大師和佛光山做我們的看板，有信仰的民眾看到我們還會合掌問訊；在這裡，常有人一開門看到我們，二話不說就把門「碰」的一聲關上，讓我們的心情很低落。

晚上偶爾碰到不懷好意的鄰居來擾亂時，心懷恐懼的我們就會跟慈莊法師說：「我們回去好不好？」慈莊法師就會很柔婉的說：「不好意思啦！我們出來的時候，大家都來送行，我們還沒有完成蓋寺任務，怎麼能回去呢？」

當時建寺的建築師是一位初出道的新手，他的心理壓力很大，因為施工期間若有任何細節要改變，就要重新製圖送審。連帶的，包工程的包商壓力也很大，所以他們在施工過程，遇到任何需要修改的問題時，常常語帶威脅的對慈莊法師說：「這可是你說的！工程如果延宕了，有什麼後果你要負責！」每次慈莊法師都承擔下來，只是在每次工程會議召開之前，平常慈眉善目的他，也忍不住會皺著眉頭。

我常常覺得，慈莊法師的臉，下半部是慈悲柔和的，上半部則是大智大勇、剛毅堅忍的，這兩種特質，融合在慈莊法師身上，在西來寺建寺的過程，完全展現他的兩種性格，與當年我第一次看到的那位先柔婉詢問，後直言搬椅子上台，並承擔起「有什麼事情我負責」的法師無異。

美國法規之繁瑣，沒有親身經歷難於想像，光看建築外觀和內部陳設功能已可使用了！星雲大師就對各地佛光人宣布開光落成日期，同時「啟建國際萬緣三壇大戒」和舉辦「世界佛教徒友誼會」。此時正式使用執照並未下來，也是經過慈莊法師與當地人士多處奔走與政府多方溝通，當地政府終於首肯，發給西來寺一年的是臨時使用執照，其中包含了一百多條規約，包括每間會議室的人數、欄杆的高度、柱子的顏色、樹木的品種、成長的高度等等，都有嚴格的規定。防火設施更是極度設限，我們點香要在殿外面點好才拿進大殿去拜拜，否則打火機餘光會引起警鈴；廚房裡如果開了炒鍋就不能開油鍋；開了油鍋就不能同時煮湯。西來寺落成典禮那天，因為湧進很多賓客和信徒，多開了幾個鍋子的結果，消防設施鈴聲大作，天花板上掉下一大推粉末和水，結果所有的菜只好重做。

歷經了艱辛萬苦，終於在眾信徒期盼中，有了一個轟動美國僑界，有二十六國人士參與的落成典禮。西來寺落成後的第一年，因為這些限令，我們無法辦很多活動，接踵而來是許多的批評：「說花那麼多錢蓋了一座西來寺，結果也沒辦什麼大型活動！」這些閒言閒語，慈莊法師都承受下來，也不對外辯駁。現在，我知道慈莊法師是在行「無畏施」，獨自承擔一切責難，為我們承擔「恐懼」。

有一天早上，慈莊法師集合我們幾位住眾，以很平靜的口吻說：「昨天下午，西來寺終於拿到正式使用執照了！以後大家可以盡心盡力多辦些弘法活動或法會。」說完他的眼眶都紅了。我們幾個師兄弟，回想起開山以來所承受的各種委屈，大家抱成一團都哭了。

待大家的情緒稍微平復後，慈莊法師又說：「昨天晚上，我已經寫辭呈給師父了。按照山上的規矩，完成一座寺院的建築之後，住持就要離開職位。因為西來寺開山的時間很長，我在這個職位上也做很久了，現在正是我離開的時候。」

但大家都非常不捨，因為長時間以來，大家在這裡相依為命，慈莊法師就是我們的靠山，他如果離開，就像一個家庭沒有父母一樣，失去依靠。但慈莊法師非常堅決，交接完工作後就離開西來寺了。

之後慈莊法師被派任到淨土文教基金會，那是佛光山在世界各地開發寺院的單位。後來慈莊法師又在美國開發了好幾個道場，有了西來寺的開山經驗，從了解區域劃分屬性、當地華人人口比例開始，再不分晨昏晴雨的天天踏查當地交通、治安等狀況開始。後來慈莊法師又轉到澳洲、歐洲、加拿大等，世界各地都有慈莊法師開建道場的足跡。

我在慈莊法師身上學到觀世音菩薩的「施無畏」。遇到任何困難和挑戰時，他除了自己不害怕，同時也讓他身邊的人不害怕，這就是一種無畏施。有錢的人可以做財布施，有專門技術的人可以做法布施，但「無畏施」一定要從一個人內心的涵養和意志出來，這是很難培養的。

我到西來寺雖然發心想要做事，但是大師告訴慈莊法師說：「這些法師的年紀都很小，你要讓他們出去學語言、多讀書。」慈莊法師說：「就是因為沒有人做事，我才向常住申請派人過來，結果來了一批批都送去讀書，這次來的，也要去讀書，事情要怎麼做呢？」大師對慈莊法師說：「我寧願飯沒有人煮、地沒有人掃，也要讓我的徒弟去讀書，不然將來寺廟蓋好了，誰來弘法呢？我到海外建寺弘法，不止想度華人，也想要度當地人。」

慈莊法師雖然非常為難，但他還是成就我們每位法師去讀書。西來寺籌建過程中，因為遭受當地居民抗議，常常會上報；上報會帶來兩種效應，其中一種就是吸引大眾的注意。所以，當時常常會有關心佛教的人來參訪。我們幾個法師外出讀書的時候，就會先燒好兩壺水，一壺泡茶，一壺白開水，獨留慈莊法師一個人在寺院裡當知客接待來訪者。

因為我們去讀書，所以慈莊法師對於我們的出坡作務時間，也給予很大的彈性。例如他規定我們每個人每天要除草兩小時，但這兩小時我們可以自己決定，不必大家共同出坡；我們在除草的時候，他也不會拿著碼表在旁邊計時。雖然他常拿著米達尺去丈量物的尺寸，卻從不拿有形的尺來丈量我們的表現，尊重每個人的差異性。慈莊法師真的是一位集慈悲與智慧於一身的人。

慈莊法師未出家之前是千金小姐，出社會後在學校做教務工作，能刻鋼板，寫得一手好字。他有一個很厲害的天賦，如果我們開車去到別的城市，回程時迷了路，只要打電話給他，他會用米達尺在地圖上丈量，然後就能回答我們，應該怎麼走、路程大概有多長。那是導航還未被大眾使用的年代，不會開車的慈莊法師，卻能教我們怎麼從迷路中走回正路。他這個善於丈量的天賦，也用在很多寺院的布置上，例如家具的擺設、桌椅的尺寸等，他都丈量得清清楚楚，先在紙上作業，買回來後擺放，完全不會出錯。

慈莊法師連花草之間種植的距離、拜墊和拜墊之間的間隔，也都用尺丈量。拜墊有四個邊，有拉鍊的那個邊，在大殿擺放時，他規定要朝跪拜者這一邊，代表對佛菩薩無上的恭敬，也讓整體的擺設整齊劃一。也許有人會說，學佛為何如此執著？但對慈莊法師來講，這就是「嚴以律己，寬以待人」的性格。

剛開始我心裡也難免嘀咕他怎麼這麼囉嗦，但是久而久之，我也都照著他的方法去做。慈莊法師說，一件事情，既然可以做一百分，為什麼只做八十分？如果過程中又出了一些差錯，東扣西扣的，最後可能連及格都達不到。慈莊法師說，如果我們一開始就做一百分，別人來挑我們的毛病，最後仍然可以有八十分。其實連我們自己以為的一百分，都可能只是一種我見，在別人眼中，也許才剛好八十分而已。如果說，後來的人生，我開始懂得要求自己，可以說就是從慈莊法師身上學來的。

我還從慈莊法師身上，學到「廣結善緣」的哲學。

記得有一次，我們要去拉斯維加斯，看一棟信徒捐贈給我們的房子，希望秉承大師的指示，在賭城也能建立一個佛法的據點。

我們長途開車，在沙漠地區奔馳，中途在高速公路旁的休息站上廁所時，因為位處偏遠，那個廁所又髒又臭，大家都只想趕快進去趕快出來。但慈莊法師在裡面待了特別久，出來以後，他告訴我們：「什麼地方可以修佛？就是在最骯髒的廁所裡。當我們進到一個骯髒的廁所後，除了先把它整理乾淨供自己使用，出來之前，還要再次清理，把它整理成下個使用者方便使用，這就是修福的機會。」

慈莊法師隨身帶著結緣品，隨時見相結緣。他在送出結緣品的時候，總是充滿歡喜心，給的當下，從不覺得這個東西好不好、對方喜不喜歡、這個禮物合不合對方的身分，他以歡喜心作平等施，在他的心中，對「布施者」、「布施物」及「受施者」都沒有分別計較，他的結緣已達到「三輪體空」之境。

從當年第一次在中山堂見到慈莊法師起，至今他都是我的偶像，我在他身上學到太多太多了。

PART 3 鋼骨人生

我深信自己會是一隻脫繭成功的蝴蝶，
遨翔於天地間；
美麗燦爛、自由自在、來去無牽掛。

《水懺》滌淨我塵埃

染患系統性紅班狼瘡疾病的初期，雖知這病不好惹，但不知其厲害程度，更不曉得要如何與其相處，才能相安無事。有回頭痛發高燒，卻自行吃止痛退燒藥，躺了三天後，病情更為嚴重，所以被緊急送往高雄長庚醫院的急診室。

急診室中永遠有必須緊急處理的狀況。我不是需要急救的患者，所以在經過聽診、量脈搏、量體溫等一般性「生命現象」的檢測後，醫師再為我掛上點滴和抽個血，之後我就像普通病人般被安置著。

或許急診室的嘈雜及心中等不到結論的焦躁，我的頭痛劇烈到要爆炸似的。因害怕我的頭會裂開來，所以我就自己爬起來去叫醫護人員。但每位醫護都很忙，完全不理會我，儘管我比手畫腳盡力描述我的疼痛，也沒人把我當回事。隱約中，聽到身後有人說：「我去吃飯了！」但在我轉頭回看之間，不到零點零一秒的時間，我人已經走到餐廳，看到剛剛對我問東問西的醫師，正悠閒的享用美食，我心裡很不滿他竟不顧病人的死活，還在慢慢用餐，於是走到他身邊，對他描述我的頭有多麼痛！

只見這位醫師彷彿沒聽見般，頭也不抬的繼續吃著飯，瞧都不瞧我一眼！我心裡又氣又失望，心想，難道見多了病苦，心腸也跟著轉硬嗎？無奈之下，幽幽慢慢朝回頭路走。

走了好久之後，才回到病榻前。好奇怪喔！我竟然看到我自己已躺好在病房的床上了，雖然感到怪怪的，但終因抵不過疲累，我也跟著躺下去了。

聽到一聲「醒了！」的聲音後，我微張雙眼，終於看到期待已久的醫師和護士在我身旁了，這下救星當前，我很自然的蹦出一句「頭痛！」

沒想到，醫師竟回我：「不要再喊頭痛了，我比你更頭痛，你本身有系統性紅班狼瘡疾病，現在白血球又高達十幾萬！」

晚餐時間，照顧我的依程法師，多次拿稀飯要餵我，但口腔的潰爛讓我毫無食欲，我的嘴緊閉不開。最後，依程法師急了說：「幾天不吃，也不餓！我自己吃。」

再次醒來，已換阿梅（滿敬法師）來照顧我，阿梅告訴我：「依程法師食物中毒！好險！你沒吃，否則，後果真不敢想。」

住院那段時日，我常陷入昏昏沉沉的狀態，但不知何故，每當我睏得想閉眼休息時，就有一群人，跑來跟我要錢！要物品！或是要衣服！而且口氣很兇的說，是我以前欠他們的！

我虛弱的告訴他們我沒錢，而且我是臨時來住院的，也沒帶衣物來。那群人不接受我的解釋，他們抬起一個人，壓住我的雙腳，令我動彈不得。我想阿梅就在旁邊，想請她來救救我，但我口中無法發出聲音……在無奈的巴望中，我認出帶頭來向我討債的人叫「黑蟲」，他是和我同村一位智能不足的鄉人……。

「永文法師！」我回神過來，見到慈嘉法師在叫我！當時慈嘉法師擔任大慈庵庵主，我把剛剛有人向我討債的事告訴他，請他下次幫我領錢和帶衣物來。慈嘉法師回說：「你告訴來的人，錢不放在這裡，放在佛光山的萬壽堂，請他們去領功德財。」按照慈嘉師父的指示，下次又見到那群討債者時，就對他們那樣說，真靈！「討債鬼」就此不見了。

隔天下午，我聽到木魚聲叩叩叩的響，心想：「啊！這麼快，已經有人來幫我助念了！時間既然已到，就專心念佛吧！」於是我深深吸了一口氣，讓心靜下來準備隨著木魚聲念佛。

念著念著，咦？這木魚聲，不是一般助念用的小木魚，是大木魚聲耶！而且是佛光山大悲殿的大木魚聲，因為我曾在那擔任香燈，我認得！為了確定，我張開眼，請阿梅一起聽，阿梅也聽到了。咦！不但有木魚聲響，更聞到陣陣的檀香味，阿梅也聞到了，她更高興的喊著：「師父你看！你看！有一圈圈的香煙，環繞著我們的病房耶！」果真如此。

「人未到聲先到」，是當年依法法師的特色，在病房內我已聽到他在叫我了，一進房他半揶揄的說：「永文法師，你這個人古靈精怪的，連幫你拜個水懺也是，整個壇場都是藥味。」阿梅仍在興奮中，語氣高昂的說：「哦！是場地交換啦！我們的病房全都是檀香味。」原來依法法師得知我病重，也知道我病後和水懺非常相應，就號召英文佛學班的師兄弟一同為我在大悲殿拜一堂水懺。

什麼是《水懺》？昔時唐朝悟達國師業障現前，在膝上生了個人面瘡，後遇迦諾尊者指點，三昧水洗之，瘡病才癒。

當初，一紙「系統性紅斑狼瘡」診斷書，判定我只有三個月的餘生可度，此惡耗經過我的耳內，有點驚訝但沒恐懼。令我無法承受的是藥物的副作用，什麼「滿月臉」、「水牛肩」、「青蛙肚」、「猴腮毛」等等。如果我的體形將是這般「怪異」，該不會被送到馬戲團供人觀賞吧？

怎麼辦？問號充滿腦海，淹沒我的驚恐。思啊！想啊！腦門一亮！昔時高僧悟達不也長過「人面瘡」嗎？對！我也要禮拜《慈悲三昧水懺》，效法國師坦然面對前世愆業的態度。

十年後，大姐到西來寺參拜，我順口探問「黑蟲」的消息？大姐說：「他在第二殯儀館工作，抬死人屍體啊！」轟！響聲盤繞耳際……這是巧合嗎？

不！是佛菩薩對我的庇護及拜水懺的感應。病後的我身體外形與常人無異，但體內有多處骨頭腐蝕，換過五處人工關節，更與死神有幾回合的接觸。至今，我仍以帶業之身在佛道上精進。

我深信，要領悟生死的真相，唯有透過病苦的煎迫，才能建立踏實的修行。感謝諸佛菩薩的大慈悲，給予弟子這番徹悟。

我伴彩蝶飛

兒時的記憶，永遠鮮明難忘。每到夏天呼朋引伴至山谷溪邊，自由自在的奔馳在田野間，除了一起玩捉迷藏外，最常做的就是捕捉蝴蝶，再壓成色彩豔麗的「蝶翅書籤」。

捕蝶的過程，是折一根細的竹枝拔掉竹葉，先彎成橢圓形狀，接著插到另一隻長竹桿的頂端，再利用這樣的造形，攀勾蜘蛛網直到一個厚度，產生相當的黏性。這樣像網球拍的工具，是用來捕捉蝴蝶的利器。年幼的我們完全無法體會生命的可貴，更不會去想像當蝶兒生命受威脅時，是多麼的恐慌和無助，反而不顧蝴蝶垂死前的掙扎，硬生生的拆折下牠的一對翅膀，做成書籤好向童伴展示或交換。

偶爾漏捕一兩隻鮮有亮麗的彩蝶，往往茶不思、飯不想，只盼能有機會將心中的彩蝶納入書裡，常伴身旁。誰知如今我身上真的擁有永遠趕不走的「蝴蝶」，四肢也像當年被拆解掉翅膀的蝶兒那樣飽受折磨……這，真的是我的報應嗎？

世事無常

一九八四年，即將畢業於加州東洛杉磯大學的我，在開車回白塔寺的途中，心中尚沉醉在和同學討論租畢業禮服的喜悅時，突然發現路面鬆軟、前後伸縮、左右擺晃……接著耳後響起一連串喇叭聲，驚慌中，我趕緊將車子駛到路旁，但身體卻感到非常疲憊，不論怎麼用力，眼皮就是撐不開來，之後就眼前一片漆黑……有了這次經驗，我就特別小心，上學、採辦購物，都避免走高速公路，雖然躲掉不少的致命危機，卻阻止不了多次途中停車，昏倒路旁的狀況發生。

當時西來寺的建寺工作太忙，且我畢業在即課業繁重，以致睡眠不足，這是我解釋自己經常昏倒的理由。於是我買些參茶來喝，每星期寺內舉辦義診時，順便針灸補氣一下，以為只要挺過這陣子就好，並未察覺身體狀況有什麼不對勁。萬萬沒想到，這是暴風雨來臨前的寧靜，疾病已悄悄的跟著我好一段日子了。

當遇到天氣冷、血液循環差時，我的四肢會先冰冷發白，再轉為紫黑。尤其到了夜晚，躺在床上猶似針扎般的刑罰，如此輾轉煎熬到天明，手、腕、腳、膝經常動彈不得，得忍痛起床泡熱水，活動之後才較為改善。關節處的外皮，隨著工作、活動開始龜裂，之後形成皮膚潰爛，高燒不退。

就醫之後，醫師說我患了肺結核，弄得別人對我退避三舍，更讓我自慚的孤立一室。一位小姐因病來寺掛單，曾經擔任台大醫院護士，我倆同病相憐，彼此照應。有一天，她見我狀況不對，趕緊帶我前往醫院就診。

SLE是醫師為我診斷出的病名，面對此病，當時的我一無所知，尋求圖書館的學生顧問協助，我謊稱自己是健康系應屆畢業生，研究論文是SLE的主題，請他幫忙尋找資料。

SLE是英文Systemic（系統性或全身性），Lupus（狼，拉丁文），Erythematosus（紅斑）的縮寫，之所以命名為SLE，是因為十九世紀發現這個病例時，病患面部呈有赤紅色塊痕，狀似野狼咬過的齒痕，便依拉丁文Lupus（狼）的文意，產生「狼瘡」之怪名。再者，有位皮膚科醫師發現患此病者，鼻梁和兩頰會出現蝴蝶狀的紅斑（Erythematosus），所以又稱「紅斑狼瘡」。後來，又發現這種疾病不僅影響皮膚，也會侵犯全身器官，便再冠上「系統性（全身性）」，從此名為「系統性紅斑狼瘡」。

SLE目前尚無法根治，只能服藥控制，主要的處方是服用類固醇。但資料中陳述，服用類固醇的危險性不下「狼瘡」本身，會出現滿月臉、青蛙肚、水牛背、體形浮腫、鬢鬚髮毛變粗……讀到這裡，彷如晴天霹靂，我哭泣、錯愕、恐懼、絕望……各種思緒湧上心頭。

因曾經被誤診為肺癆，人們見我如見鬼的夢魘，一直烙印在我心中，難以磨滅；確診為SLE後，病魔還在我體內潛伏時，心魔已將我打得潰不成軍。

「狼瘡」兩字，帶給我的威脅無法言喻！它一點一滴的啃蝕我的肉身和靈魂，快樂健康的我已不復存在，我該如何適應日後的我呢？我傷心、難過，因為從未想過自己會生病；我懊惱、悔恨，因為以前沒有照顧好自己的身體；我擔憂、恐懼，因為還沒修行度眾回報佛光山的栽培。我想大哭一場，但是欲哭無淚。原來，所有狼瘡病友都是流不出淚水的，因為此病附加贈送了「乾眼症」。天啊！我連痛苦時想要大哭一場，享受一下淚水滋潤的權利都喪失了！

狼瘡病不像癌病重症，能預測存活的時間，它就像不定時炸彈，不確知何時發作、不確知何時致命，所以病患最要緊的保命之道是「預防勝於治療」。而狼瘡病人的無奈是，每次的病徵、發病部位都不一定，服藥和各種治療過程中，也充滿許多危機，因為狼瘡病人的免疫系統失調，感染率比別人高，治療過程中白血球數會降低，細菌趁虛而入，很容易引起併發症。

治病辛酸

「世上沒有治不好的病」，這是星雲大師帶我返台治病時的信念，我也深信不疑。大師聽信一位信徒從報導中剪下來的資料，曾不遠千里從韓國為我買回靈芝治我的病。大師對我的關注與恩典是我心靈最大的養分，更滋養我抗病的體力，但仍無法完全消除狼瘡病魔。

眾多信徒也盛情提供民間偏方，我曾嘗試不少千奇百怪的祕方，更在狼瘡病友善意的推薦下，看遍全台各地名醫。總計這些治療方法有：

刮痧、拔罐、滑罐、推拿、藥浴、電療、針灸、紅外線、服食補、煎漢藥等等。而這些「神醫妙方」，大多認為狼瘡病是體內毒素所造成的，因此採用以毒攻毒的激烈手法。經常我是走著去看醫師，回來時是被攙扶著的，原本尚有行動能力的人，在被下猛藥後，只能躺在床上，讓人服侍過日子。

任誰都不願捨棄生存的權利，何況是年輕的生命？備受師長關愛、背負弘法使命、集常住栽培於一身的我，更不應輕易放棄任何一絲希望。有一次，聽說霧峰地區有位「神醫」，專治不治之症，美國德州某法師罹患肺癌末期，原本落葉歸根要回台辦後事，經服「神醫」的「五毒藥湯」，神效異常，最後返德州接回原本交出的寺廟，繼續弘法利生。說者言之鑿鑿，雖有多次服「妙藥」受到傷害的例子，但抱著孤注一擲的心態，只要有一線希望，我都要嘗試！

清晨六點，與前一晚就來台北和我同眠的大姐，還有從泰山趕來的三哥，懷著希望，開著車沿途詢問。來到霧峰，見到被眾人奉為「神醫」者。大姐說明來意，我都還沒開口說症狀，神醫已在吹噓有多少狼瘡患者來此求診，大部分已近痊癒，大姐只差沒跪下拜託神醫賜藥。「是什麼藥材如此神妙？」三哥禁不住問道。神醫答：「五毒藥湯！這帖藥是由蜈蚣、壁虎、蚯蚓、蟾蜍和毒蠍熬製而成的。」

大姐忙問：「要怎麼熬煮？」三哥接著問：「一帖多少錢？服幾帖可見到效果？」

神醫說：「第一階段先服二十帖……」未待神醫說完，我馬上起身朝外走並說道：「謝謝！我不方便服這味藥材。」兄姐追上來，三哥未發一語，大姐則長篇大論好言相勸，最後搬出哀兵計策，哭訴著她愧對母親生前的託付，後悔當年同意讓我出家，促成今日能治的病，卻擺著不醫，繼之嚎啕大哭。

神醫也過來補充說明，藥材都是經過處理的冷凍品，屬「三淨肉」。

三哥這時也加進來勸說，要我以喝藥治病的心來看待此事，日後好以健康的身體利益眾生，這樣才對得起栽培我的佛光山，和慈悲教導我的師父。

為了煎藥的方便，我住進礁溪大姐家中。清早，大姐從廚房衝出門外，全身發抖的蹲在屋外嘔吐，和著哭泣聲不停的念著：「我會怕啦！」我在房間得知大姐是要清洗藥材時，被「五毒生物」嚇到了。隔天，我接過大姐交給我的手提袋，坐車回佛光山。火車上，我數度提袋子到門邊，想要丟棄它，但太沉重了！這個重量非來自於十萬元購買的這批藥材，而是袋子內裝著太多人的關愛和希望。

捏著鼻子，心驚膽跳的灌完每天的藥量。有一天，接到要找永平法師的電話，我到後面巷子叫他，因為自從我回山後，他發大心，每天從早上十點到晚上六點，替我熬煮「五毒藥湯」。當我轉彎進入巷內，眼前的一幕令我呆住了，至今想起仍淚盈滿眶，永遠難忘！永平法師在洗水台邊，對著台內的「五毒眾生」禮拜，清洗時一再撇頭嘔吐跟稱念佛號，我淌著淚水退出來。

真相，讓我的心糾結了，夜晚輾轉難眠，白天淚溼滿襟。別人忍受著折磨，冀望延長我不可測的生命，而每段延伸出的刻度，一道道刻畫在我的心上。這樣的痛，讓我一度想放棄自己。我的生命為何要如此傷痕纍纍？難道非要像蛤蚌養珠，必須忍受沙的折磨，才能育成一顆顆光彩的珍珠？

珍珠成串後就是生命的長度，我的珍珠串，若有一點長度、一點柔光，那是師長、親人、道友的愛和淚水淬鍊而成的。他人天大的恩情、自己深重的罪業，豈是一個「死」能交代的！死不能解決，那就活著來面對吧！念頭一轉，心光浮現，我要更積極的迎戰病魔，自己的業障自己承擔，絕不再讓關心我的人流淚，更不要再因此病招引他人共業。

告別哭泣、哀傷的日子後，我不再將自己囚禁在抑鬱的世界，更向周遭親友、信徒宣布，今後一律謝絕「祕方」供應。我用一個譬喻來謝絕他們的好心，保養好一部車不可能同時加柴油和汽油，然後又再92、95、98無鉛汽油不停的更換，這樣只有加速縮短車子的壽命。今後，我若有拒絕大家的「好意」，祈諒是盼！

我不甘心就這樣過一生，那我該怎麼辨？經過一段日子的思慮，我找到了正確的方向，回歸西醫治療。基於前榮總過敏免疫風溼科王世睿主任的鼓勵，我參加了「台北榮總蝴蝶俱樂部」，決定從認識SLE開始。該組織於民國八十年三月，正式立案為中華民國思樂醫協會。

「台北榮總蝴蝶俱樂部」是狼瘡病友組成的團體，不單是醫護訊息的傳遞與分享，更是以推動病人身、心、靈的發展為主的組織。取名蝴蝶乃此病發作時臉上會出現蝴蝶狀的紅斑，患者大多是年輕女孩，生命就像蝴蝶般的絢麗短暫。該組織有定期出版刊物，讓病友能廣泛的涉獵 SLE 資料，是患者了解此病的知識庫；內容有病友經驗分享，形同一面反射鏡，這樣的心態固然難堪，但看到別人的病苦，自己彷佛沒有那麼糟糕，心情確實好轉些。

雖然我因為身分特殊，不曾參加該組織所舉辦的活動，但從中學習到對疾病的了解，和克服狼瘡的信心。我深信自己會是一隻脫繭成功的蝴蝶，遨翔於天地間；美麗燦爛、自由自在、來去無牽掛。

鋼骨人生

猶記一九八六年，第一次被醫師宣布必須置換人工關節時，面臨跛腳的恐懼、死亡的罣礙，因為這些治療都必須動手術。SLE 帶來的打擊已夠大了，現在又要再提振勇氣面臨殘障的可能，我喪氣極了，若不接受開刀，髖關節的疼痛又令人顫抖，尤其每走一步都疼痛難挨，每次上廁所起坐之間，那種痛徹心腑的感覺如同身陷地獄，令人害怕！

手術前的準備就在全身緊張中完成，也讓我深刻體會到生、老、病、死的苦痛，任何至親都替代不得，只有自己面對。以往從榮總的東院病房到中正樓（現思源樓）開刀房，在運送病患途中，看到隔壁棟的太平間時，心中時會升起毛毛的感覺。當天被推向手術房行經過道時，腦海中浮現的竟是：他們是在推我的屍體嗎？內心有著未曾有過的感觸，我竟和死亡如此接近。

結果，當天因為強度颱風侵襲北台灣，造成水災，手術因而延遲，我又被推回病房！

第二次是在美國進行左髖關節置換，在美國 Garfield Hospital Medical Center（嘉惠爾醫院）由骨科名醫林元清 Dr. Lin 執刀，林醫師現任川普政府衛生部，負責少數族裔健康事務的副助理部長（Deputy Assistant Secretary for Minority Health）。

第三度髖關節開刀手術時，我已能坦然面對，加上醫學的進步，這類手術若無特殊原因，已可採用脊椎注射的半身麻醉。病人在手術進行當中若有不適，都可直接向麻醉醫師反應，當然也可以和主刀醫師進行交談。但性命交關的時刻，大部分時間我都專心的傾聽，和專注在身體的狀況，來分辨正在進行的手術工作，是使用什麼工具。有時除了鐵槌敲擊的聲音，身體也會隨著大力敲打而震盪；偶爾，會傳來電鑽間歇性的鑽動聲。比較靜態的時刻，也會聽到刀子或鑿子的刮擦聲，當然最常聽到的是刀子、剪子、鑽子、夾子等金屬工具，此起彼落在盤中的碰擊聲。這個手術約兩個半鐘頭就大功告成，病人被送往恢復室觀察兩小時，就可回到病房。一般而言，髖關節置換手術沒有什麼危險性，加上之前的脊椎麻醉可自費做疼痛控制，我的經驗是，除了第三天，下床邁開第一步時有點疼之外，其他都滿好應付的。

開刀後的第五周，原先已壞死的右膝關節，經不住因左髖關節的開刀，練習走路時倚重右腳，右膝蓋竟走垮了，只好再進手術房修補。上回手術的成功，使我的心情完全放鬆，但這次不同的是，先到麻醉部，施打脊椎半身麻醉和疼痛控制，再被推到手術房。

當我躺定時，看見醫師用繩子綁住我的大腳指，然後繩子又穿過從天花板垂下來的勾子，醫師再一扯一拉的拉著繩子，然後我看到一條腿緩緩的升起，心想，怎麼會多出這條腿？難道今天的手術是整條腿的移植？但是，我要做的手術是膝關節置換啊！

哇！菩薩保佑，手術房的烏龍事件，千萬別發生在我的身上啊！我緊張的屏住呼吸，靜靜的盯著那條掛著的腿，那條腿也看著我，對看久了，那條腿有點像吊掛的火腿。怪了！醫師又拿著沾有醬油的刷子，在那條腿上面刷，咦！開始有一點熱熱的，不會吧！在手術房內BBQ嗎？

「師父！你好。」一句爽朗有力的問候，阻斷了我的幻覺，這是主治大夫陳威明醫師，慣有的見面問候語，聽到他穩健的聲音，我像吃了安心丸，腦子也清醒了！麻醉時是側躺曲弓著，麻醉後由醫護人員協助翻身躺平，保留的感覺是雙腳還平放著，沒感覺自己的腳被吊起來。BBQ的真相，原來是醫師用優碘在做清潔工作，灼熱感是則麻醉後的現象。

膝關節的置換手術對醫師來說，是比髖關節置換容易些，但在病人的立場，膝關節是神經的敏感部位，開刀後又馬上要做彎曲、伸張的復健運動，其疼痛程度比髖關節手術多好幾倍。做好右膝之後，我心想，另一邊左膝的置換，就讓它拖著吧！但這個想法是無法實現的，拖不到一年，左膝就遭到置換了！

二〇〇一年的納莉颱風，重創佛光山台北道場，大樓的發電機時好時壞。農曆十二月十五圓燈法會，我前往三重禪淨中心支援法會開示，再趕回道場參加《人間福報》訂戶的焰口法會，人潮把道場樓下擠得水泄不通，因為大樓電機室出狀況，許多老菩薩在等電梯恢復運作，我本應該留在等待的行列，但我和一些新訂戶相約在十四樓，掛念他們是第一次前來參加法會，於是我沒多加考慮就開始爬樓梯。

逞強的結果，致使兩腿都已置換人工髖關節的我，雙腳不聽使喚，彎坐不下來。住持永平法師忙碌於停電之事，眼見近千人擠坐在悶熱的大殿，既然腳坐不下來，我索性就站到殿中央，向大眾說明狀況和開示法要。一個半小時後租來發電機，法會得以如常進行後，我艱難的回到房間，使盡各種姿勢，終於讓身體擺平了。躺了一天，全身疼痛未減，又多加了滾燙的感覺。心中明白應該去醫院掛急診，但當晚我要在板橋講堂講授《心經》，是最後一堂課，撐下去吧！

勉強站著把課講完，人工關節因爬樓梯磨擦發燙，雙邊的股肉竟已腫成「熟狀的暗紅色」，我藉者冷水浴來減低灼熱，半夜高燒難耐，還是被送進急診室，果然是「留院察看」。經過種種檢查，證實兩邊的髖關節都已發炎，左右兩邊的膝關節，也嚴重缺血性壞死，該部位骨頭已腐蝕內空，發炎引發鏈球菌感染，還好是在左髖關節部位，但是仍要預防心臟或肺的感染，造成致命的衰竭，所以要施打六星期的抗生素。

注射點滴對有血管炎病變的我，是一大折磨，此次住院期間最高紀錄，被麻醉科主任抽打了十三次上腔靜脈導管注射，最後移打下腔注射才完成一針。導管猶如吸管一般的長，埋在體內是有期限的，有一次拔出時，血流如注，我坐臥在血泊中……雖然很悲慘的做完四十二天的治療，但藥物無法經由血液輸送到人工關節內，最後還是沒有完全消滅鏈球菌，只得再次開刀，將感染的人工髖關節清理掉，再換個新的。

面對關節的置換手術，我一路走來跌跌撞撞，也一路摸索。如今，我走過來了！像是在迂迴曲折又黑暗的山洞中爬行很久，突然見到前面有道光芒，在光線的引導下，我走出了因關節壞死所帶來的身體疼痛、心靈恐懼和生活不便；爬出山洞、挺直了腰背，這種感覺真好！我想，如果我的經驗可以讓病人恢復信心，就讓我在山洞口書寫個指示牌吧！沒想到，更精采的還在後頭……。

二〇一五年十一月，台北道場正在舉辦佛七法會，期間有一天搭電梯時，我遇到覺培法師，他邀我去看足球比賽，為我們巴西「如來之子」和桃園中央警察大學進行的友誼賽加油，我心想，這些孩子遠道而來，應該多關心他們一下，於是就由佛光合唱團的團長洪信助居士開車，載我們去球場。

足球場看台是階梯式的，因台階高度過高，兩個階梯之間，又有半階做為輔助，但我一時眼花，沒看見那半階，腳去踢到跌了一跤，當下就感到大腿很痛。但比賽已經開始，我跌坐下後就不敢再亂動，怕驚動其他看比賽的人，當天陽光普照，溫高三十四度，我坐在熱燙的地上一個半小時，幸好洪信助居士和另一個信眾輪流為我打傘遮陽。

好不容易到了中場休息時間，我想趕快起來，但感覺到不太對勁，勉強用借來的雨傘做拐杖，慢慢走下兩層高的階梯，又繞過大半個足球場，才走到停車的地方，吃力的爬上佛光會的九人座車子送我回台北，直接帶我到道場附近放射科診所照X光，發現骨頭已經有異常狀況。我傳照片給榮總的醫師看，問他需不需要手術？他說這種情況若不開刀骨頭是可以自然癒合，但需要等一段時間。我不知該如何下決定，而且道場正在打佛七，更不敢驚擾道人心，只好默默躲回自己寮房內，請一位師兄幫我買了一個助行器杖，所有生活事務都自己動手。

三好體育協會的賴維正會長，以及我的牙醫黃娟娟醫師，很不放心我，一直催我去看醫師，黃娟娟醫師為我預約了台北醫學院的黃聰仁副院長，她和黃副院長以前是長庚的同事，黃副院長對我特別的照顧，做了很詳盡的檢查後，告訴我，腿上的骨頭如果開刀，復原期需要兩個月；如果不開刀，則需臥床半年的時間給它恢復，但這期間不可以亂動。我心想，要我半年不能動，還要別人侍候著，且受創的骨頭位置在左大腿，難道我連上廁所都要別人幫我嗎？後來我還是決定要開刀，黃副院長很好意的幫我安排了郵政總局醫院的院長陳健煜醫師，為我主刀。陳院長近三十年來，累積兩萬多名膝關節置換病例，平均一年一千五百例（全膝、半膝）。

因為受傷後，我在道場走動了四天，斷裂的骨頭已經傷害到肌肉的組織，手術時，陳醫師用了一支二十公分長的鐵板來輔助我的骨頭，連接人工髖關節與人工膝關節，手術之後一段時間，我必須常常把腳翹高高。兩個月後，農曆過年時，我就行走如常了。

半年之後，二〇一六年夏季，我到新馬的道場巡迴宣講。每次到新加坡、馬來西亞、印尼，動輒都是十八到二十五場的講演行程，為期一個半月左右，在第十天的第六場講座，地點是在新加坡，佛光山新加坡道場的大殿很大，可容納八百到千人同時聽講。那天的人數也很多，我的電腦放在大殿的講桌上，為了將它移近些，我往前趴伸了一下，腰部用了點力，當下就感到腰部傳來一個奇怪的聲音，並且發出一股刺痛。當時我手上已經拿著麥克風，根本不敢叫痛，只能繼續講下去，且一連講了兩個小時，下台時，感覺身體已經不太能動，只能維持威儀勉強走下台。

那天晚上我根本無法躺下來睡，只能斜靠著枕頭坐著養息。第二天再返回馬來西亞，需坐五個鐘頭的車回仁嘉隆的東禪寺，寺中的當家滿慧法師聽到我腰很痛，就幫我刮痧，又找了一位師姐來拔罐，不但無法緩解我的疼痛，反而擴大我痛苦的範圍。

那時，我能走也能坐，就是不能站也不能躺。痛了幾天以後，我打電話給黃娟娟醫師，詳敘腰部疼痛狀況及能做的動作有那些？請他幫我問黃聰仁醫師，我的腰非常痛，到底是什麼原因？黃副座研判我的脊椎骨頭走位，壓迫到神經，叫我要儘量小心，但接下來幾個行程都要搭飛機及長途坐車，常住慈悲，派了一個人陪我，行程當中，我都只能坐著睡，沒辦法躺下來，好不容易，將持續十幾場的講座都圓滿了，我才帶著行李回到台灣。

隔天赴台北醫學大學附設醫院，找黃副院長就診，副座幫我做完儀器類的檢查後，要我趕快辦理入院手續，準備開刀，因為我的脊柱壓迫性骨折在L1那節，需做脊椎體骨泥整形術（Vertebroplasty）。我以為脊椎開刀很麻煩，而且會有後遺症，但黃副院長告訴我，現在可以用灌骨泥的方法，把骨頭的凹陷補起來，手術全程在X光機下進行，經皮下灌入骨泥，藉以填充脊椎體疏鬆處及骨裂處，是微創手術，沒有什麼危險性。在黃副院長的妙手之下，我進行了灌骨泥手術，而且手術一做完，腰部的痛苦馬上就消失了。

唯一的影響，是我的身高！我真的變矮了，而且差有十公分之多。

繼我的「鋼骨人生」之後，這些年，我的身體又加進了一支鐵板，腰骨也灌了骨泥。我自嘲我就像大巨蛋工程，繼鋼筋鐵柱的施工之後，就開始灌水泥了。我這個修修補補的色身，倚賴現代科技的進步，目前還能維持著一般的行動和自我照顧，也深感萬幸了。

就在我完稿的前一星期，骨科醫師再度告訴我，我左股骨大轉子骨折，已完全斷裂了，現在是靠肌肉在撐住！不知將來會不會有個由3D列印雕塑的大轉子骨加入我的「人身」呢？

何期自性 能生萬法

在佛門裡，每到七月，出家法師都特別忙碌，對免疫系統異常的我來說，特別的辛苦。

因受中華傳統文化及道教中元普度開鬼門的禮俗影響，一般人將農曆「七月」視為「鬼月」，是諸事不宜的月分；但家師星雲大師別有識見，主張農曆七月是「吉祥月」、「修道月」、「報恩月」及「孝道月」。

為什麼七月具有吉祥和修道之意義？因為佛陀住世之時，在印度每年的三月到七月是雨季，佛陀慈悲，體恤出家僧眾出外托缽不便，而且雨季路上小生物特別多，行進間難免誤傷小生命，所以佛把每年雨季時期制訂為「結夏安居」，要僧眾們專心修持，觀照三業的清淨，所以此時正是出家人用功辦道、自我沉潛精進的時段。

僧眾精進修持期間，就由在家信眾護持，布施道糧供僧。經過三個月，在七月十五日這天圓滿解夏，所有僧眾要向佛陀報告修行的體悟，而佛陀對於弟子們道業有成，也非常的歡喜，因此稱為「佛歡喜日」。有些僧眾對於自己道業未能達標，也自恣懺悔再求精進，故在解夏這天，又稱「僧自恣日」。

而「報恩月」、「孝道月」的說法，則源自《盂蘭盆經》中記載，目犍連尊者為了救度墮入餓鬼道的母親，向佛陀請示如何救母脫離惡道。佛陀教導目犍連，在「僧自恣日」設齋供僧，以此功德回向母親，救拔母親脫離三途之苦，始有盂蘭盆會救倒懸之說法。至今每到農曆七月，佛弟子恪遵佛制，舉辦盂蘭盆法會，打齋供僧，以此功德回向現世父母消災延壽，或以此超薦已往生的父母及歷代宗親。

佛光山是人間佛教的道場，更重視為信眾服務，所以在農曆七月，所有法師都盡心盡力為當地信徒在孝道月做孝親報恩法會。星雲大師在度眾上有許多巧思的創意，但每樣創新上都注重傳統與現代的融和。

佛光山已發展至全球五大洲，為配合海內外信眾的需求，讓大家在忙完當地的孝親報恩法會之後，也可以回到總本山（佛光山）參加供僧法會，所以供僧法會就延後一星期，調整到農曆七月二十一日舉行。

緊接著是年度的「佛光山海內外徒眾講習會」登場，儘管參加為期七天的徒眾講習會，對我的身體是很大的負荷，但在人間菩薩道上，參與講習會以補充福慧資糧是必須的，我絕不缺席與全山大眾凝聚共識，以及和星雲大師接心的機會。

講習會課程非常豐富，從早上八點到晚上九點半，有重點單位或表現特殊的單位報告，彼此觀摩學習、互相成長；亦有長老師兄的經驗傳承，以及布教學的傳授和不同主題的分組座談。每天晚上更有與大師接心的座談。有這麼精采的課程，縱然每年回山參加徒眾講習會，對我這個全身多處置換人工關節，且多節腰椎受損的殘障色身而言，不是「考驗」而是「磨練」了，我也將每年的講習會當作是短期的「結夏安居」，用最大的歡喜心承受一切。

二〇一八年，我懷著歡喜的心情提早兩天回山。而有著熱心服務性格的我，自然的加入忙進忙出的行列。或許走動太多，右腳踝有點脹痛，到了供僧法會當天，來山的友寺法師、賓客和信徒高達三千多人，行走不便的我，卻只能在傳燈樓一樓和信眾們打招呼問候。

隔天一早（九月二日），我向講習會報到後，和久違的師兄弟們彼此熱情寒暄。第一天課程結束後，我的足踝呈現一大片紅腫，但這影響不了我繼續參加講習會的決心。有師兄建議我不要勉強參加，請假去看醫師吧！我說，每年都這樣，都會出點狀況來考驗我，不要緊的。

第二天（九月三日）開始，很奇怪的事發生，怎麼除了腳踝痛以外，我的襪子都會溼了半截？我趁午休時把襪子換下來，可是到了下午又溼了半截，晚上的課結束後，也是又溼了。

連續到了第四天（九月五日）晚上下課後，我不再只是足踝紅腫而已，整隻小腿都發燙了，下肢的皮膚也開始有紅色斑塊。我將足踝紅腫部分拍下來，傳給台北醫學大學附設醫院黃聰仁副院長的秘書蔡宜芳小姐，拜託她請骨科和脊椎專家的黃副座看看是何狀況？不久蔡秘書傳來副座的建議，要我先到附近的醫院檢查，看看血液內是否有細菌感染？但當時山上已是晚上開大靜的時刻了，不便再驚擾他人。心想，明天再去吧！

但當天半夜，我開始出現發冷及發熱的症狀，心中暗叫不好，但別無他法，只能先吃了些平常備用的退燒藥和止痛藥。

第五天（九月六日），我真的沒辦法起床了，於是寫 LINE 給永均法師，請他到傳燈會幫我請病假。待人較清醒些時，我發現墊在腳下的枕頭怎麼都溼了！蓋的棉被和褲管也都溼黏黏的，起身想盥洗，放下腳，一踩到地板，發現床底下也積了黏答答的水，後來才知那是從我小腿流出的體內組織液。忽然間，我的身體打了個寒顫，感覺有點冷，很想沖熱水。同時，我也預知到醫院時，恐怕會被要求住下來。所以我沖完熱水後，就開始整理行李。

中午，傳燈會的醫療小組推著輪椅，要來帶我到附近的醫院就診。我提出個人的看法，既然要去醫院，我想回台北榮民總醫院，因為我平常就診 SLE 的醫師對我的病症比較了解，況且我的病歷資料都在那裡。

傳燈會和醫療小組也同意了，於是我開始連絡在台北榮總擔任放射部主任的郭萬祐居士，並告知他我的初步評估：我的右小腿很有可能染上蜂窩組織炎，需要住院的機率很高。我請郭主任幫我連絡我的主治大夫蔡長佑主任。

承蒙人間衛視覺念法師同意他的同仁吳美玲師姑陪同我北上，並且委請人間衛視主控小翁到南港高鐵站接我去台北榮總急診室。這時我的腳已疼痛到無法站立，移動半步更是艱難，傳燈會負責僧伽醫療的師兄，幫忙用輪椅送我進高鐵車箱。北上途中，我一路咬著牙忍著，因為實在太痛了！

抵達榮總，已是晚上七點了，我遠遠就望見郭主任和陳素勤師姐在急診室門口等我。有了他們的協助，很快的就見到急診室的值班醫師，並安排了各項檢查。或許因為打了止痛針，到X光檢查時，我還清醒著，也清楚在排隊等待電腦斷層掃描時，郭主任說：「病房有了，等這個檢查之後，會送您上去。蔡主任人在外地，但他有安排住院醫師處理，並隨時向蔡主任回報狀況。」郭主任接著對我說他們要先回去，這時我才察覺已經十點多了，而郭主任他們晚飯可能還都沒吃吧？

在照電腦斷層掃描時，醫護人員要我閉上眼睛放輕鬆，我真的就放輕鬆……。不知過了多久！在半睡半醒之間，我隱約聽到美玲師姑向醫護人員推拒，師姑口裡一直喊著：「我不能簽，我不可以簽……。」我又迷迷糊糊睡著了，很久以後我才知道，當時醫院要她簽的是「病危通知書」。

不久我聽到有人叫我：「永文法師，您知道我是誰嗎？您看得到我嗎？」我聽出來是我的牙科醫師黃娟娟醫師的聲音，我努力的睜開眼，她握著我的手要我加油。

我因右側下肢進展為壞死性筋膜炎，在九月七日的午夜十二點，被緊急送進開刀房，做右小腿筋膜切開手術。歷經四小時的手術，也在恢復室觀察三個小時，到九月八日上午七點才送回病房。

九月八日，北醫的蔡宜芳小姐，以及黃娟娟醫師和她的公子 Ray 醫師，再次來榮總看我，正好遇到我最危險的情況。後來據黃醫師告訴我，病房的醫師幫我抽完動脈的血液之後，要推我到X光檢驗科去照肺部X光。但病床推到電梯口時，發現我的血液含氧量已降到百分之八十幾，相當危險，我已經不省人事了。Ray 是長庚的醫師，照理說在別的醫院是不能干涉該院的醫療，但看到我幾乎休克，情況危急，他開口建議醫護人員應用移動式的X光機來我的病房為我照X光，這樣我才能持續得到氧氣的供應。幸好當下有採用 Ray 醫師的建議，通知X光科推機器上來。

由於我已意識不清，一直要拔掉我的氧氣罩，醫護人員問黃娟娟醫師和 Ray 醫師可否將我的雙手束縛住。他們在不得已的情況下，只好答應。聽說在我躁動不安一直伸手去拔管時，Ray 醫師就會在我耳邊輕輕說：「永文法師，不要拔，請您忍耐一下。」昏迷中的我竟然會回答「好」，然後就安分一下下，一旁的護士都以訝異的表情看著 Ray 醫師。後來我在氧氣罩的幫助下，血液含氧量慢慢回升，也不再躁動，安靜的昏睡了。

當我再次醒來，身旁一左一右，有覺培法師和滿謙法師，一直呼喚著我：「師兄，您要保持正念喔！」「師兄，您要保持正念喔！」兩人就這樣輪流提醒我。我很用力的睜開眼，見到兩位師兄很著急的一直叮嚀我要保持正念，我也很努力的搖著頭想說：「我並沒有著魔，也沒有中邪啊！我很好，人很清醒。」可是我開了口，卻只能咿咿啊啊說不出語句來；我想要用手比畫輔助說明，手卻被綁在床的兩邊護欄上，這下我更想表明我很好而用力的掙扎著。兩位師兄當然更急得想安撫我，就勸我跟他們念佛，於是我一句一句跟隨著念起佛號來……我又入睡了。醒來時，這次換我俗家的家人圍著我，每一個人上前來都是要我安心養病。我只是納悶著，大家都怎麼了？

感覺睡了好長的一覺，人清楚多了。稍挺起身來坐，眼睛掃到右下肢包著一大包的紗布，一個念頭閃入：我的腳被鋸了嗎？詢問旁邊的人，我的腳怎麼包這麼大？他們回答我：不用怕！是醫師幫你做了手術。這個答案卻讓我誤以為腿是被鋸了。我反過來跟照顧我的師兄說：

「我不怕！我以前在美國西來寺照顧過一個腳傷被鋸斷腿的義工，我了解這個情況，裝了義肢後，可以行走自如，完全分辨不出是假的。還有，我一直都有保持著正念，請您們放心！」妙繼法師聽了我的話，回答我說：「我們知道啊！您在昏迷時，都還在幫人家皈依，念著三皈依文，而且您還教人要保有正信，成為佛弟子後，行事要中道，您也一直在講八正道呢！」哦！在昏迷中，我還能保有這樣的正念，真好！

他這麼一講，也讓我憶起，為什麼我會在昏迷中幫人皈依和講解八正道了。因為人的第八識——藏識（阿賴耶識），像個大倉庫一樣，會把我們做過的事都收藏著，遇緣再現形。下個月分，我將應邀在台大育成中心，為在職進修生命教育課程的高中老師們，講授六個小時的「宗教學概論——佛教」，所以回佛光山參加供僧法會前，我正在趕做這些課程的 PPT 版教材，內容正是這些基本教義。

原來當我在準備教材時，其實自己已先接受佛法的熏習，把佛陀的教法種在八識田中，佛陀曾言：「一切施中法施為最。」捨即是得，自身在法施中即是蒙受法益最多者。更印證若我們嚮往極樂世界的清淨，應該在平時就要多多觀想西方三聖，稱念他們的名號，將西方三聖阿彌陀佛、觀世音和大勢至菩薩的莊嚴聖像，清清楚楚深植在八識田中，當臨命終時，必蒙接引往生西方極樂淨土。

除了台大生命教育課程外，十天後我在高雄普賢寺和南屏別院也都有受邀講演。一心想依約履行，當時，我還不知道腳傷的嚴重性。

我還記得在迷迷糊糊中，跟醫師有過一段對話，我問住院醫師，十天後，我可以出院了嗎？醫師問我：「你要做什麼嗎？」我說我要去高雄。他問我要怎麼去？我說：「可以搭高鐵啊！我來急診的時候就是坐輪椅搭高鐵的。」醫師笑得很大聲重複我的話：「你要坐輪椅去搭高鐵？」害我有點不知所措，拉起被子又睡著了！

接連還有好幾位醫師進進出出，真抱歉，當時我真的認不得來查房的醫師們，我只認得主治醫師蔡長佑主任，他看我醒著，就對我說明：「之前你白血球一直降不下來，腎功能也出現問題……所以會診整型外科幫你做筋膜切開手術。對我們來說，你是處在非常危險的情況，很慶幸你現在情況有穩定下來，我們會持續觀察。」

剛榮獲第一屆義行獎的俠義名醫——骨科權威陳威明醫師，也是台北榮總的副院長，他來探視我時，剛巧遇到整型外科的住院醫師和實習醫師們也在，陳副座跟他們說：「這是我二十多年的病人，也算是老朋友了。」接著他摸著我的右膝關節說：「這一個人工關節也是我做的，你們可不要傷及無辜唷！」我想陳副座的用意正是希望他們能盡力挽救，不要走到鋸腿的這一步！

外科的醫師們遇到長官的交代，當然是「Yes Sir，我們會用心照護病患的。」接著外科醫師們告訴我：「為了讓 SLE 的病情更穩定，先安排你住在免疫科的病房照顧，不移到整型外科病房，我們會過來查房，有什麼問題也可以請護士轉達。」

住在內科，是一個消業障最快的地方，怎麼說呢？因為內科醫師的換藥、包紮經驗，都不如外科的熟巧。這次因感染Aeromonadaceae（氣單胞菌科）造成右下肢壞死性筋膜炎，危急中做的筋膜切開手術，擴及整個小腿肚的兩側和腳背。外側一刀有二十五公分長，內側這一刀有二十公分，所切開的傷口經過清創後小腿兩側已完全沒有皮膚，每天上下午各需換一次藥。

有經驗的醫師會用生理食鹽水將紗布淋溼，再掀開紗布；沒經驗的醫師總是想趕快交差了事，直接下手扯下紗布任人慘叫！更甚者，當照護我的師兄們拜託他說「醫師請小心一點」時，竟被嗆回：「你不知道長痛不如短痛嗎？」話說之間，這位醫師竟拿起刮舌板，往我沒皮的鮮肉刮下去，欲將殘餘的藥膏刮除乾淨，痛得我整個人連床都抖到晃動。當我拜託他停止時，這位醫師竟然說：「我是為你好才這樣做，你以為我想做喔！」可見實習醫師多麼厭煩周末假日值班，但也不該拿病人出氣啊！也有實習醫師沒有看過這麼大片的傷口，進來病房又出去好幾回，問他要幫忙什麼嗎？他說東西帶不夠，跑了幾趟後，頭臉都是汗水，真怕一不小心滴進我的傷口內。

住在內科一個月期間，每天要面臨兩次換藥，就算有預先打止痛針藥也止不住換藥時的疼痛。到底有多痛？我說件意外插曲，可能有助於比喻。每到醫師要進來換藥時，當天照顧我的師兄，一個會幫忙遞送藥品給醫師，另一個很自然就來抓緊我的右手。我右手的拇指和食指，過冬時都遭到凍傷，被握了好幾天後，兩隻手指頭的指甲內積滿了膿包，按理說指甲內蓄膿應該很痛，但跟打開紗布就可見筋骨外露的腳傷相比，我並沒有感受到手指頭的痛。過了些日子，指甲整塊幾乎脫落了，勾到衣服時，才發現指甲已被細菌感染。足見當時換藥是多麼疼痛的一件事。

筋膜切開手術後，大約每一星期就要入開刀房做清創手術治療一次。手術前和一般手術一樣，前一日的午夜十二點後須禁食禁水。在台北榮總開刀房的排程，以重大手術為優先，因清創手術屬於小手術，所以沒有時間排程可預先告知，必須等到開刀房及主刀醫師有空檔時，再致電通知護理站，請他們把病人送去開刀房。我曾經等通知等到隔天傍晚六點，十八個小時的禁食還可以忍受，但不能喝水則苦了些。過程中經詢問護理站，護理站也幫忙打電話到開刀房問狀況，答案是：今天的重大手術太多了，無法幫我做清創，等明天再安排。於是我吃了一點東西墊胃，喝了些水之後，又開始禁食，等待明天的機會。這次，同樣等到隔日的下午四點半，還未收到通知。

北投安國寺想要送飯食過來，也來電話關心做了清創手術了嗎？一聽到還沒，道祥法師直接反應給院方高層，說病人從住院後因疼痛而胃口不佳，加上持續打止痛藥，常噁心嘔吐，本來已經吃得很少了，現在還持續禁食兩天，這樣怎麼會有營養長肉養傷呢？當晚到了七點左右，外科的主治醫師及住院醫師都來說明，因為他們就是想幫我做清創，所以才沒有通知取消，但因為急診的重大傷患進來不少，所以就耽擱了！接著又是中秋節連假，等到下周二，一定會幫我排上的。

輪值來醫院照顧我的知來法師，原是讀護理的，出家前也有十年任職護理師的經驗，他難得見到外科主治醫師，就向主治大夫詢問：「可以申請慢傷照護專業護士來換藥嗎？因為每天兩次的換藥對病人來說非常辛苦。」或許因為愧疚感，住院醫師答應我們，每天早上可以連床推到慢傷照護中心換藥，但下午的那一次就要靠運氣了。

說起我的外科主治大夫廖文傑醫師，他幫我開筋膜切開手術時，我人還在昏迷中，對他沒有印象，但心中對他一直存著感恩，感謝他在深夜執刀救我一命。

第二次與廖醫師相遇，還沒有照到面，就先有一段交談，得到一個很寶貴的經歷。雖然我身上的手術刀疤不下十個，但未曾經歷清創手術，只在電視上看過燒燙傷的患者述敘個中的恐怖景象，但不知真實樣是怎麼進行的，清創手術之前，我的內心一直忐忑不安。

當我被推到開刀房正中央的無影燈下，檯子升得高高的，麻醉醫師和助理開始過來綁緊我的手臂，一切都在準備中，突然一個聲音從地面上傳上來：「師父，你是佛光山的法師嗎？」我說是。側過頭看，一個身穿開刀房醫袍蹲在地上的人，繼續跟我交談，他說：「佛教是不講算命的，道教才有；師父你農曆的生日是什麼時候？」我心裡想，他應該是在測試我麻藥吸入的情況，為了讓醫師知道我是清醒的，刀還不能下，所以我回答了正確答案。他又再問什麼時辰出生的？我直覺反應不對，不能再說了，於是回答不知道，因為家裡的大人沒有告訴我。隨後他拿出手機說：「我來幫你算一下。」不久，他直截了當的告訴我：「師父，你今年的命還在，不會死的。」「命還在，不會死的！」處在無助惶恐中的我，聽到這一句話，剎那間，我忐忑不安的心竟然獲得安歇。這個經驗啟發了我，度眾是需要結合慈悲與智慧，來行使方便法門的。以往常遇到信眾在婚姻生活上心生疑慮不安時，會來訴說曾去卜卦問神或是找人算命，雖花錢解厄了，但是夫妻相處仍有問題、家庭仍然不順。

以前的我，會直接否定這種做法，經此一事之後，我可以體諒信眾的行為，也會更委婉的給一些勸導，安慰他們既然能做的都做了，沒有得到想要的答案，是否改用佛教的禮懺、抄經或念佛的方法，讓心靜下來，再想想問題出在哪裡？從日常生活中改變自己的言行舉止開始呢？在開刀房裡，透過這個經驗，我更能領悟大師的教導——人間佛教就是要給信眾歡喜的佛法，不但要給人幸福、快樂，也要讓每個人都能解脫煩惱的枷鎖，獲得身心的安頓。

在內科時，我每天早上要到慢傷中心換藥，當時我的腳不但不能行走，也不能垂放下來。照顧我的人，每天要推著一個大病床，從榮總的思源樓推到中正樓，再到十九樓的慢傷照護中心，換好藥後再推回來，真是辛苦照護我的師兄們了。

經蔡長佑主任一個月來細心的照顧，我免疫系統所引發的症狀逐漸穩定。每日上下午的換藥，我都有拍照觀察傷口的變化，方便整型外科的大夫來查房時觀看傷口。有次知來法師幫忙拍照時，發現我腳背上連接小腳指的筋有發黑現象，於是請教整型外科廖文傑主治醫師。

廖醫師說，若免疫科這邊的治療達到穩定，過些時日，要規劃進行植皮的療程，他們可以接我到整型外科，比較方便照護傷口。這個提議經蔡主任同意後，在十月三日，我從思源樓九樓的過敏免疫科病房搬移到中正樓十九樓整型外科病房。

在外科病房時，我每日兩次的換藥治療，開始由慢傷照護的王俞惠專業護理師接手，遠離了換藥如同人間煉獄的日子。感謝醫療團隊幫我找到裕利醫藥提供氧療舒傷口噴劑，此劑藥可幫助感染性組織經清創後之傷口，加速傷口癒合，減少腐肉生成及減少疼痛。最重要的是，讓我在換病房後的第十天，十月十二日，我進行了第一次植皮手術。如同之前陳威明副院長所說的，植皮後傷口的疼痛，會減少百分之八十以上。

一般植皮後都會打上石膏，讓皮肉之間能黏得更牢固。此次外科的醫療團隊也幫我找到佑康醫療贊助，供應我負壓抽吸治療的機具。除了免去打石膏的不便，該治療可以同步壓力監測的負壓傷口治療，更有效改善傷口癒合速度。

第一次的植皮，是接受他人捐贈的皮。因入院後的第一個月，我幾乎無法進食，且因臥床沒有任何活動，加上我的雙腿都換過人工髖關節和膝關節，左腿因跌斷過大腿骨夾著一塊二十公分的鋼板，有一條將近二十五公分的傷口，所以醫師在我身上很難找到一塊夠大又完整，可供植皮的皮膚層。

又因為我是SLE患者，經醫療小組會議後，決定分兩次植皮，十月十二日做了第六次清創和第一次植皮手術。同先前的決議，採用他人捐贈的異體皮，共六片十乘十公分，用以縮小傷口面積。

十月二十五日，再進行第二次用我自體的頭皮來植皮。我本來有一點害怕，但已經到這個地步了，不做自體植皮，傷口永遠不可能癒合起來。我拜託廖大夫保留我頭上戒疤處的皮。這一次自體植皮，共釘縫了一百四十八根書釘，比第一次植皮，多了四十根釘子。

說也奇怪，當住院醫師和護理人員，在十一月九日這天，來幫我將頭皮上的敷料完整清乾淨時，醫師口裡直嚷著：「好奇怪喔，真的很奇怪！」護理師問他：「怎麼了？」醫師邊清理邊回說：「我看不到任何下刀的傷疤。」護理師竟回醫師說：「他是法師，當然比較特別，沒什麼好訝異的。」到現在，我自己也納悶著，頭皮被掀開一大半來取內層的皮質出來，但在外層的頭皮竟然找不到下刀的疤痕。

也許是此次所受的苦該盡了。我之前在人間衛視任職時而認識的名製作人趙大深先生（《包青天》的製作人）和戴玉琴伉儷，兩位都是非常虔誠的佛教徒，退休後也長期在佛光山佛陀紀念館當義工。我們曾經以義工的身分，合作拍了一部二十三集的《觀世音》連續劇，而成為志同道合的好友。當我入院到第三個星期時，當時這兩位好友正好到中國大陸出差，在他們到達位於宜興佛光山祖庭大覺寺時，聽聞覺念法師與他人談及我的腳因感染病重在台北榮總住院。

趙大深和戴玉琴伉儷，竟然因而取消下半段的行程，提早一星期回來探望我。他們看到我沒辦法吃下食物，問我有什麼可以幫忙的？我因為非常渴望喝到熱湯，竟提出：「可以請府上的管家幫我煮個熱湯嗎？」從此我在北榮的午餐，都是由這對好友供養，他們跑遍附近的素食餐館，就為了幫我補足營養，每餐飯菜加上家裡煮的熱湯共五樣菜色，就擔心我吃不夠。除了我的份，他們也供給照顧我的師兄們吃。但五樣熱炒菜真的太多了，大部分的日子，除了午餐吃，連晚餐的量都足夠。

說到食物的供養，還有一位好友李美秀師姐。有次在我換藥時間，她剛好來探望我，被沒有皮膚覆蓋的下肢傷口驚嚇到！她因為心疼不捨，從此不敢再來醫院探視我。雖然她人沒來，卻經常買美食請人送來給我。除了以上幾位，當然還有其他信眾及師兄們來探望我時，都帶了美食來。每一位送來的食物，都是希望我能吃好一點、吃多一些，希望我有足夠的蛋白質能快快長出新的肉來，讓傷口能早日痊癒。另一位遠在台東的好友是鄧嘉雯藥劑師，住院期間也寄來許多高蛋白的營養品，出院後，更供應了好幾箱洗傷口的生理食鹽水、無菌紗布、無菌棉花棒、彈性繃帶等換藥用品。人生有這麼多法情深重的道友，夫復何求呢？

我換到整型外科病房後，遇到因緣很好的醫療小組，好幾位醫師與護士都是學佛的。在吸收善友們所供養的食物營養後，更在有善緣的醫療小組照護下，我植皮後的傷口恢復穩定。主治的廖大夫，允許我再觀察三天，如果沒事，就可以畢業回家。

住院六十八天中，先是受到免疫科蔡長佑主任妥善的醫療，我才能安全脫離危急狀況。再由整型外科廖文傑大夫所帶領的醫療團隊細心照護下，我仍能保住被「氣單胞菌」所侵入的右下肢。個人已是老病號了，結識許多各大醫院的醫師朋友，他們跟我說：「師父，當然您有佛菩薩護佑，但不得不讚歎這次北榮的醫療團隊實在很強，今天您才能和我們坐在這裡喝茶論道。」

我住院期間，常住委請任職在雙北各道場的法師們，每日分兩班，每班有兩位師兄，輪流到醫院照護我。此恩此德我永難忘懷！

出院時，醫師囑咐我，接下來的半年至一年期間，植皮的患傷處，陸續會有裂開的小傷口。感謝台北道場內人才濟濟，有曾是復健師和護理師的師兄們，來幫我護理傷口。直到最近這八個月，照護我的美玲師姑，也都學會每日幫我新增的小傷口上藥包紮。

出院後，尚需繼續一年的復健療程，每周一、三、五日前往，到車程距離道場二十分鐘的台北醫學院大學設醫院做治療。在北醫，也都是善因緣的照護。復健期間，我尚有些閒暇時間，很想對大家的照顧表達謝忱；但一年半載之內，我還無力出外說法，無法將弘化的功德回向給每位恩人，但所有恩人的盛情，我點滴在心，我會努力復健，早日加入弘法的行列，將說法的功德，回向有恩於我的有緣人，並回向給所有大眾。

PART 4 般若能量

千年暗室，一燈即明。

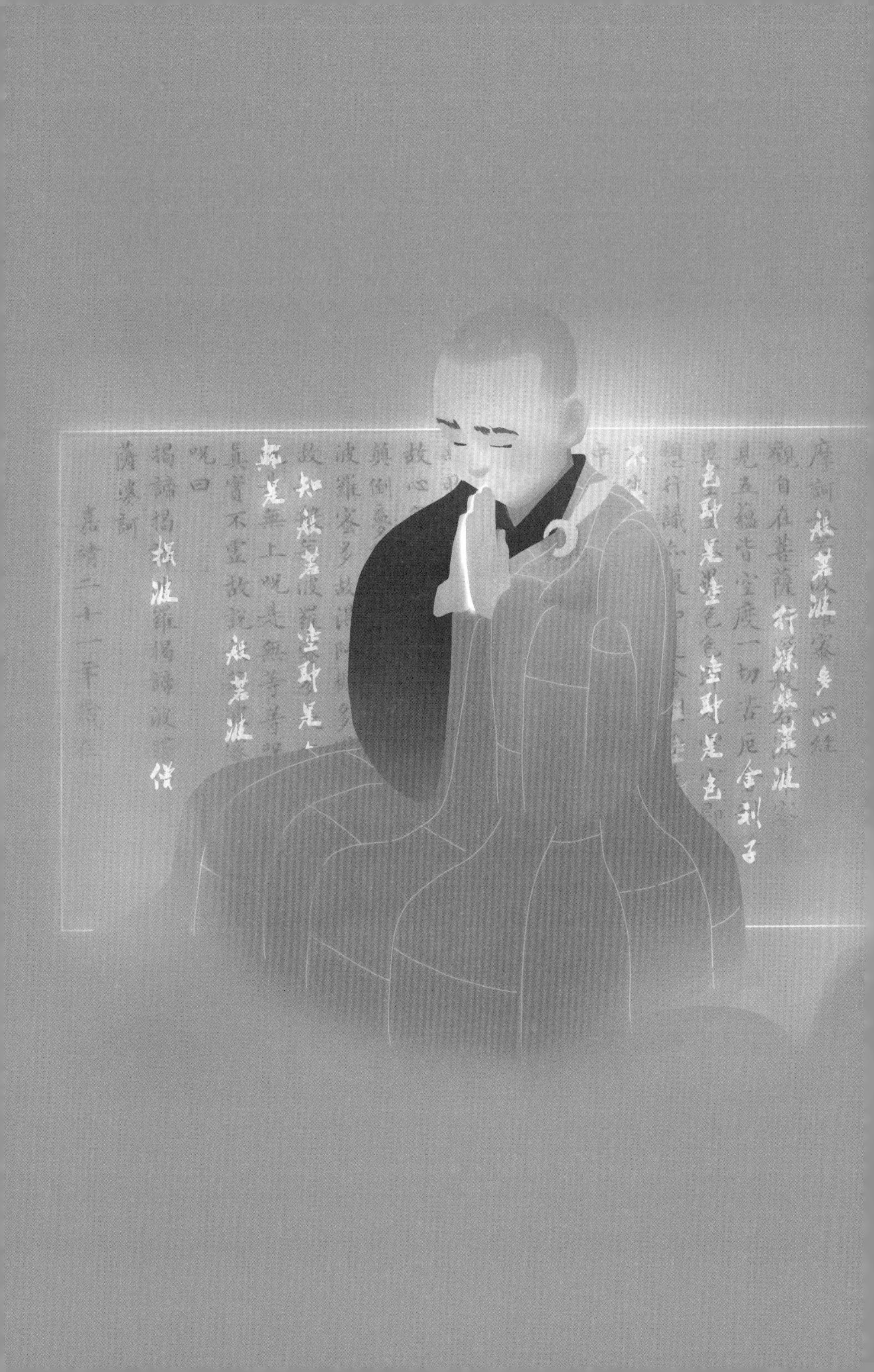

修行，讓生命更勇敢

什麼是修行？很多人被問及這個問題時，常說：「因為我的日子過得不錯啊！有時間的話，就去行行善、做做好事，就是修行啊！」

當然這是修行。但我們為什麼要修行？我們可以先觀察看看周遭的親朋好友，會發現，有人很容易快樂，但也有人很喜歡氣惱；有人能勇敢面對困難，但有人一遇到逆境，就選擇逃避；有人能欣賞他人的優點和讚歎他人的幸運，但有人卻會用嫉妒來看待；有人樂善好施，有人卻斤斤計較……面對同一種情境，人往往有正負兩面的反應，如果陷入比較負面的反應時，是不是應該做一點調整？這個調整的過程，就是修行。

有人會問：修行會很辛苦嗎？修什麼法門較容易獲得佛的加持呢？

以下這個禪門公案可以給我們一些啟示：

道謙禪師與好友宗圓結伴參訪行腳，途中宗圓因不堪跋山涉水的疲困，因此三番兩次鬧著要回去。

道謙就安慰他說：「我們發心參學，能出來一趟不容易，何況也走了這麼遠的路，現在半途放棄回去，實在可惜。這樣吧，從現在起，一路上如果可以替你做的事，我一定為你代勞，但只有五件事我幫不上忙。」

宗圓問道：「哪五件事呢？」

道謙非常自然的說道：「穿衣、吃飯、屙屎、撒尿、走路。」

聽聞道謙的話後，宗圓大悟，原來修行截生死流，斷無明煩惱，別人分毫不能代替，一切都要靠自己啊！道圓從此再也不敢喊辛苦了。

天冷加衣，天熱褪衣，這就是調整；觀念扭曲了，把它調整回來，這就是修行。

我個人在生命的歷程中，每一次遇到觀念上需要調整時，都受到《心經》很大的啟發；我認為，不只是我，《心經》是每個人切身緊要的一部經。

我們常說自己在「學佛」。學佛，不是要佛來幫我們摩頂，也不是要看到佛在放光，學佛最重要的，就是「認識自己」。一個人想要認識自己的過程中，最需要借助也最快能從中得到妙益的，就是《心經》。也許我們曾聽過很多道理，也擁有很多知識，但我們曾真正認識自己、走入自己的內心嗎？

所謂「見性成佛」，這是每個人的自家事，靠別人幫忙是不可能得道的。唯有自己負責、自我努力，才是最好的保證。心外求法不得，般若風光，人人本具，反觀內心，自能當下證得。

我們看趙州禪師如何教導學僧。

有學僧問：「什麼是道？」

趙州說：「吃茶去！」

再問：「什麼是佛？」

趙州一句：「洗碗去！」

學僧還是不明白：「怎麼樣才能找到自心？」

趙州大聲喝：「掃地去！」

趙州禪師的一碗茶，可以給你開悟，可以讓你成佛作祖！為什麼？趙州禪師就是告訴你：尋求佛道、認識般若佛性，除了生活以外，沒有另外的佛道可求，你若會喝趙州茶，大概就可以與佛同在了。

《心經》能把我們生命的本源、本自具足的能量探討出來。

我自己有這樣的經歷。

我在美國大學畢業前的兩個月，身體出了狀況，那年我才二十二歲。經過一番檢查，醫師在看著那一連串的數據時，面色凝重的告訴我：「你大概還有三個月的存活時間。」我聽到這個訊息後的第一個念頭是：「我再兩個月就畢業了，但第三個月就會死……我這麼努力讀書，就是想要拿到這張文憑回去向常住說『謝謝』，當面向星雲大師感恩他栽培我的慈悲，讓我這個從小失去父母的孩子，也能接受大學教育。但現在我被宣判只剩三個月的生命，那這張大學文憑能起什麼作用呢？難道正好拿來做為我火化時的點火之用嗎？」可以想見，我當下受到的衝擊有多大。

為什麼這樣的事會發生在我身上呢？當然，我會憤怒、失望、悲傷、哀號、頹廢……各種負面的情緒，我都經歷過。不過，有信佛的人畢竟是有正面能量的，那些情緒的發生都是短暫的，接下來，我很快就找到《心經》，透過《心經》的力量，把醫師最初斷定的三個月時間，延長到三十九年後的今天，而且還在繼續延長下去。

《心經》全名《般若波羅蜜多心經》，是大眾普遍熟悉的一部佛經。連同經題才兩百六十八個字，一張小紙就寫完了。《心經》的英文名稱是《The Heart Sutra》，很多人誤以為它是從「心」中出來的經典，其實把《心經》的原意弄混淆了。《心經》的「心」，指的是「中心思想」。

一般的經典，總以「如是我聞，一時佛在……」為經文的開端；而以與會大眾「信受奉行」，宣告經文的結束。但是單看玄奘大師所譯的《般若波羅蜜多心經》譯文，經文卻是由「觀自在菩薩」做為經文的開始，就知道這部經別具深意。

《心經》是如何而來的呢？

相傳，《心經》是玄奘大師駐錫四川時，在出外訪道尋師途中，偶然見到一位染疾老者；那位老人衣衫襤褸，且滿身膿瘡、惡臭難聞，倒臥在路旁痛苦呻吟。眾人見到避之唯恐不及，唯獨玄奘大師走近慰問關懷，後來得知老者是因飢寒交迫，無處洗滌，以致瘡傷難癒。玄奘大師聽了心生憐憫，帶他返寺協助清洗潔淨，再向寺中討了些衣食給他。老人家感激之餘，特別口授這卷《心經》，並囑咐玄奘大師遇難時一心持誦，可隨處逢凶化吉。

玄奘大師見此經文簡意深，時常默念持誦。之後於西行求法途中，獨行於荒煙蔓草之間時，常有妖魔鬼怪圍繞前後，驚怖萬分。這時玄奘大師就高聲誦念《心經》，一切魅影皆迅速不見。一路上《心經》陪伴著大師，完成天竺取經的艱鉅任務，返國後大師即書寫流傳於世。

另有一說，是玄奘大師自長安出發西行，沿途障礙重重，人困馬乏，倒臥在滾滾黃沙之中，危急之際大師不斷默禱，發下廣大誓願：「寧向西天一步死，不回東土一步生。」就在當晚涼風輕拂，大師勉力睜開雙眼，忽見不遠處，巍然站立一尊觀世音菩薩，手執楊柳灑下甘露，大師頓感身心清涼。菩薩要玄奘記住《心經》經文，日後遭難，持誦自能化厄，說後漸漸隱沒。玄奘大師一驚而起，原來適才感覺舒暢時，竟矇矓入睡！他細細思量夢裡情境，似非由幻想而生，想必是觀世音菩薩口授經文。玄奘大師謹記在心，日夜持誦，從此西行取經沒再遭遇危難。

事實上，《心經》出自《大般若經》內之「學觀品」，經查證其中內容與本經幾近雷同的部分，不但不是觀自在菩薩所說，而是佛直接對舍利子所說的，佛教研究學者亦偏向此說。但《心經》為何沒有一般佛經的信、聞、時、主、處、眾等六成就？一般佛經的開端都是：如是（信）我聞（聞），一時（時）佛（主）在某某處（處），與大比丘眾或大菩薩眾多少人（眾）俱。一切都交代清楚後才進入主題。經文結尾也有交代：「大眾聞佛所說，皆大歡喜，信受奉行，作禮而去。」因為《心經》是從《大般若經》裡篩選出來的，所以沒有採用一般經典的格式，「觀自在菩薩……」是直接以佛的口氣宣說，直接點出《心經》的主旨。

在大乘佛法裡，佛陀說法的四十九年中，總共用二十二年的時間來談般若思想。但記載般若思想最完備的《大般若經》，全文共六百五十萬言，一般人難以契入，所以古德為了易於受持，將其中最精要、核心的部分摘錄出來，也就是今所流通的《心經》。這裡所謂的「心」，指的是「核心」。

《心經》以兩百六十八個字做為《大般若經》六百五十萬字的精髓，您說它的能量大不大？這些大的能量，我不可能全數都能接收，光是其中幾句經文：「五蘊皆空、心無罣礙、般若波羅蜜（般若能量）、無所得故、究竟涅槃。」就讓我一生受用無窮。

五蘊皆空

照見五蘊皆空，度一切苦厄

「五蘊皆空」的前後句經文是「照見五蘊皆空，度一切苦厄」。

此段經文，為本經的總持，總持就是「總一切法，持無量義」，就如同粽子，抓住粽把，餘者皆起；又如衣服，提起領口，衣服就順位。我們若能「照見五蘊皆空」，就相等於得到研究《心經》的「要領」之意。

「照見」就是清楚明白。但這種清楚明白，不是用肉眼看，而是用心觀照的，也就是向內觀照五蘊。五蘊是五種人類生存的基本元素，即色、受、想、行、識。如果覺得五類太複雜，也可簡化為兩類：色是物質類，受想行識是精神類。如果不去分類，把物質和精神合起來看，五蘊就是所謂的「我」。關於「五蘊」的解釋，在佛法裡有無量義的說法，在此我們先以「物質加精神」、「肉體加內在的精神生命」等於「我」的存在，來定義「五蘊」的基本意涵。

一般人初學佛時常有這樣的疑問：明明世間就有一個「我」的存在，為什麼佛陀一直說「無我」？我初學佛時，也是對這個問題感到很困惑。這個問題在我心中存在很久，一直到三十六年前，我動了人工髖關節置換手術時，才有了某些體悟。

那時我二十四歲，第一次裝置人工關節。手術之後，我從手術房被推往我的病房。手術房和病房在不同棟大樓，剛開完刀的我，被放上推車後，還要上救護車，然後開過兩個紅綠燈，再被放下車，推回我的病房。

一路上，由於路面凹凸不平，震得麻醉藥開始消退的我，感到陣陣令人顫抖的巨痛。正痛得難以言喻時，醫師來巡房了。他拿著剛剛手術後拍的X光片，用帶著廣東腔的華語告訴我：「手術是成功的，該接好的骨頭都已經接好了，接下來若有什麼問題，和手術是沒有關係的，病人要自行負責。」

聽到手術成功的消息，我還來不及感到高興時，接下來醫師又說了：「從剛剛拍攝的X光片來看，雖然你的右腿已經換好人工關節了，但你的左髖關節也有缺血性壞死，所以等右腿恢復得差不多時，就要再開刀換左邊腿的髖關節了。」

我一聽傻眼了，還要再次承受這樣的痛呀！那是多麼可怕的事！但醫師話還沒說完呢，他說，不但左髖關節要置換，以遠程的計畫而言，我的兩個膝蓋也磨損得很厲害，為了生活品質，最好兩邊的膝關節都要換掉。

聽到這樣的消息，我劇烈的顫抖著，哇的一聲哭出來！那是混雜著痛苦和恐懼的哭泣！醫師見狀，用他的廣東華語安慰我說：「不要驚啊，師父，現代醫學，不但關節可以換，連腎臟、心臟、肝臟……全身都可以換哪！」

全身都可以換？我又沒有裝人皮拉鍊，還要那樣被割來割去的才能換？不想再聽醫師講下去了，我拉起棉被蒙住頭，全身不斷的發抖……

發抖的當下，我突然想起星雲大師講過的一個故事：

有一個人，經過長時間的趕路，夜裡投宿在深山的一座破廟裡。他因為害怕，於是躲在佛桌下打算暫度一夜。

正要入眠時，卻見到一個小鬼扛著一具屍體走進來，準備吃那具屍體。還未入口，另一位大鬼走進來了，堅稱那具屍體是他找到的，要從小鬼手中搶去。小鬼當然不肯，於是兩個鬼互相爭執，吵得不可開交。那個人本來見到鬼已經很害怕，見到兩個鬼吵架，更害怕得在佛桌下發抖，發出叩叩叩的聲音，終於被鬼發現他的存在。

大鬼小鬼把他拉出來，要他評評理，說說看屍體到底屬於誰的？那人心想，看情勢應該說是大鬼的，但如此一來，小鬼也饒不了他，反正到最後都須一死，不如口吐真言，於是作證說屍體是小鬼先找到的。

大鬼一聽果然怒不可遏的說：「既然你說屍體是小鬼的，那我現在肚子餓了就吃你吧！」於是拆下那人的右手臂吃了。小鬼一看，這人為了維護自己而失去臂膀，心中過意不去，於是立刻拆下地上那具屍體的右手安裝到那人身上。大鬼一看更氣，於是再吃掉那人的左手；小鬼見狀，連忙再幫他安上屍體的左手。就這樣，大鬼吃掉什麼，小鬼就為他補上什麼，一來一往，忙了一整夜。

天亮了，一聽到雞啼，大鬼小鬼立即呼嘯而去，剩下那個人呆立在原地。他看著自己被換過的手、腳及每個部位，心想：我到底是誰呀？原來的「我」被大鬼吃掉了，但現在的「我」仍能感覺「我」的存在，「我」究竟是誰？

這個故事告訴我們什麼？原來，透過內觀，所看見的「我」，其實是身體的假合，它可以調換，可以移植；但是我們的真心，本來的真我，是換不了的。這一個假相的和合體，是由我癡、我見、我愛、我慢等無明所塑成的，因為無明的障礙，使我們不明白人世間的真實樣。如果能拋卻這些「我」所執著的，「我」就不存在了。

我們總是癡執自己的身體最要緊、自己的見解最對；我們執著自己所愛的人，更以為他人都不如己……人相信自己的存在，基本上都是因自我的存在而存在罷了，事實上，若我們有觀照的能力，就會了解，五蘊是假和合的，這個身體，根本不是我的，那只是四大因緣和合的假相罷了！

我們的肉體乃至一切「色」法，是由地、水、火、風這四種元素所組合而成，因緣不具足或經過一段時間就會各自分離。這些元素分離的時候即一無所有，呈現空的狀態，所以說「色」法是一種假相，真實體性卻是空性。

佛教說一切色法都是空的，是指色蘊由「四大」組合，終究要歸為壞空。以人的身體為例：「地大」——凡屬「堅硬性」或是「穩定性」的爪、髮、骨、皮、毛、牙等不動搖之人體部分；「水大」——凡屬「潤滋性」或是「凝聚性」的汗、尿、涕、淚、血液、骨髓、膠質等。光從「地大」的穩定性和「水大」的凝聚性來看，屬於人體中較為固態的、不動的部分。但人體中還有一種變動的成分——「風大」，它是屬於「流動性」或「氣動性」的，也就是人的呼吸、循環系統等。由於氣動性的呼吸，再接著依心臟、腎臟、腸胃蠕動，將我們吸進體內的空氣、喝的水、吃的食物轉化為熱能，這個轉變使我們體內產生溫熱。這種熱量、熱能稱之為「火大」，具有「溫暖性」或「熟變性」的特質；熱度具有成熟東西的功能，使物件質量發生變化。人體就是由這四大種條件所組合而成，任何一大不調和就會生病！

但眾生往往被各種虛妄的假合之相所迷惑，我們若無法超越我執的無明，就像烏雲遮日，失去了光明；若認妄為真，就會被各種無明煩惱所束縛，被種種業障所覆蓋，無法照見般若光輝。

有個故事可以告訴我們，人被「我執」覆蓋時有多麼障蔽。

有兩個同村的人一起出外經商。眼見年節就要到了，該回家團圓了。其中一個貨款未收齊，但是想到過節，總要送個禮物給自己的孩子，就委託要先回家的夥伴說，請你幫我把這個禮物帶回去給我的兒子。夥伴說：「好啊！但你得告訴我，你兒子長什麼樣子，我才能拿給他。」

那人回答：「哦！那還用說，我的兒子是我們村裡長相最帥、頭腦最聰明、做事最能幹的那位。」

年節過後，這位父親問兒子有沒有收到他過年託人拿回的禮物。兒子說：「沒有啊！」

於是他去找先回來的夥伴，問他：「你怎麼沒將我所託的禮物拿給我的兒子呢？」

夥伴回說：「有啊！」

那人說：「我兒子說沒有收到。你到底拿給誰啊？」

夥伴說：「你不是告訴我，要把禮物拿給村裡最帥氣、最聰明、最能幹的那一位嗎？我在村裡看一看，最帥、最聰明、最能幹的，就是我家裡的兒子了，所以我就送給我兒子了。」

人活在世界上，往往妄想執著、顛倒迷癡而不自知，就像連他人的兒子和自己的兒子都不識，實在可悲！這就是沒有般若的緣故。我們學佛凡事應細思量、多觀照，不可以被外在虛妄的世界給騙了！我們應該當了解宇宙萬象如同萬花筒，看似繽彩萬分，其實只是幾片彩色紙屑在多面切割的玻璃鏡圓筒內，配合滾動的外緣和光線，所形成的虛幻五彩世界罷了。

若能超越自我的執著，「我」才可以成為無限大的我。佛說的「無我」，指的是「無自我的執著」，是要把觀「五蘊皆空」後的領受，應用到人世間，把自我執著的心空掉，也將一切自私的執著消滅掉。我們應該找出那個不會被傷害、被吃掉的「我」，那個才是真實的我，真如自性的我。

經過這樣的觀照，後來每當我病發感到痛苦的時候，我就觀看我的痛處，我的痛在哪？自問：「生病的是誰？痛的是肉體的我？還是精神的我？」真如自性的「我」是不會病、不會痛的啊！我若有痛的感受、我的色身若會生病，都是因為執著「我」的存在啊！

經云：「欲知前世因，今生受者是；欲知來世果，今生作者是。」我們用般若來照見前世的因，以及今生色身的果報，配合今生的受、想、行的因緣條件，於是而有「我」的一生。當今生的因緣不具足時，到了緣散的時候，一切則歸於幻滅。而僅存的識，又再成為因，與另外的緣結合，於是又產生不同的色身果報。

如是因、緣、果報的不斷循環，我今生的痛，究竟是哪一次業緣的「我」在痛？原來，病痛，也是假合和，不要太在意它。當我漸漸體悟這樣的道理，我的心情慢慢打開，對病痛的耐受度也提高了。日常生活裡的五堂功課，我隨眾作息，不再當一個「病人」。我心想，既然今生業障現前，該受此報，那就不要罣礙治療與否？能癒與否？將會如何？所謂「隨緣消舊業，切莫造新殃」，面對眼前的一切，放下內心的執著，唯有在佛道上多精進吧！

以歡喜心，提升免疫功能

即將自美國加州東洛杉磯大學畢業的最後一個學期，心中充滿了喜悅及驕傲。喜的是，我這個從小因失怙失恃而失學的孤女，竟然也要從美國的大學畢業了！驕傲的背後，是我自覺不辱常住的栽培、不負師長的厚望，也不負自己每天的熬夜苦讀，為打報告，打到指關節潰瘍滲血，血絲從指尖滲進打字機的鍵盤。我壓抑不住自己內心的躊躇滿志，終於，我可以向常住、向師父交代：我得到文憑了！您們沒有白白栽培我！我亦可以向自己證明：你的努力終有代價。

然而，就在畢業前兩個月，一份醫學檢驗報告，宣布我只剩下三個月的生命！

就像大多數人的反應一樣，突來的逆境讓我心智散亂，我打從心裡抗拒此病的存在。甚至在我的腦海裡，常編織一個畫面：醫護人員因為忙中有錯，所以把我的名字貼到別人的病歷表上了。

過了些時日，我的心態又開始起疑，這會不會是老天在跟我開玩笑？或是護法龍天在提示我什麼？

經過一段似真非真的疑惑日子後，我的心裡壓力愈來愈大。生病的人是我，這是真的呀！我的內心轉成憤怒，不斷吶喊著：「為什麼是我得到系統性紅斑狼瘡這樣的病？為什麼不是他人？」只要有人面對面走過來，我腦中就浮現妄想：「為什麼不是你？你身體比我更弱啊！」

有一天，我正面迎來的是住持慈莊法師，不孝的我也對著莊師父起妄念，直盯著莊師父，想著想著……突然想起，不對啊！莊師父也曾被醫師宣判過只剩下短暫的生命限期啊！可是他沒有像我這樣產生種種情緒，時而憤怒、時而憂傷。

我還記得，某天莊師父從醫院回來時，召集寺內大眾說：「我的身體出了狀況，『好加在』，還有三個月，有足夠的時間讓佛光山本山派人來交接我的工作！」

咦？同樣被醫師宣判只有三個月，但莊師父的心情是「好加在」（幸好），而我呢？

我又想到，星雲大師此生所受的病痛也不少，他也被醫師誤診過，被宣判只有兩個月的存活機率。但大師心胸更豁達的說：「我將色身交予醫護人員，把生命付諸護法龍天。」到二〇二〇年的現今，大師已高壽九十四歲，莊師父也高壽九十一歲了，哪是當時兩個月、三個月的預言呢？

大師和莊師父的身教深深啟發了我，加上我天生開朗樂天，於是暫時收起悲憤的心情，告訴自己：「不要再顛倒妄想了，應該要精進，才合乎出家人修行的本分。」收攝心念之後，每日的晚課誦念到〈普賢菩薩警眾偈〉時特別有感：「是日已過，命亦隨減，如少水魚，斯有何樂？大眾當勤精進，如救頭燃，當念無常，慎勿放逸。」這句偈頌就是要出家的我分分秒秒觀照無常，探索心性的本源，返璞歸真，不要再被世間的粉墨聲色所眩惑。

西來寺山下有間診所，雖然開業醫師 Dr. Toop 是基督教徒，但對西來寺的僧眾和義工，都是長期免費診療。寺方曾派人與他溝通，請他用優惠的方式收點工本費，但他總是婉拒，並且回答說：「謝謝您們，讓我有機會為人，尤其為宗教人士服務，我很開心能解決他人的病痛，我做得很歡喜。」

有一次，我在跨過捲成圓圈的水管時，不慎滑了一下，當時足踝有點紅腫，我也不以為意，以為扭到都是這樣的吧。直到兩個禮拜後，我駕車出外時，因緊急踩剎車，太用力踏了，把足踝弄得更痛更腫，於是我才去找 Dr. Toop。他先幫我照X光，之後告訴我，我的骨頭斷裂了。他問我：「你受傷多久了？」我答：「十五天了。」Dr. Toop 很驚訝的說：「十五分鐘就該來了！」我疑惑的問他：「我的工作除了走路，還需爬上爬下！若骨頭斷了，能爬台階嗎？」Dr. Toop 很肯定的回說：「可以的，雖然會痛，但你的心裡不認為你的腿斷了，所以仍可以行走！」

打完石膏後，向醫師道謝時，Dr. Toop 對我說：「很抱歉，我的醫學專業沒辦法療你 Lupus 的疾病。」我趕忙向他回禮：「別這麼想！

我知道，我的病是無法治癒的。」但接下來Dr. Toop告訴我一句很受用的話：「As long as you maintain in happy, how long you are happy to be long to live either.（只要你保持快樂，你想活多久，就可以活多久。）」

我聽到這句話，很驚奇的和Dr. Toop討論：「這句話的意涵和佛法很相近，西方的醫學，也認同一切由心造嗎？」Dr. Toop接著說：「是的，人的思想是一種活動，我們身體的血液循環、內分泌、消化系統、呼吸系統等，整個也都是一種活動，而且這兩種活動是互相對應的。」

你看，一個人受到「驚嚇」的時候，臉色會發白、發青；「興奮」的時候，臉變成滿臉通紅。或者跟人家起爭執的時候，我們說「臉紅脖子粗」，這些在在都印證了一個人的思想會改變我們的身體。

所以當一個人長期有懸而未決的事情、長期有憂慮、長期有心結、長期有不平不滿，甚至於怨或者恨，一直沒有解決的話，我們的內心會影響到我們的色身，然後我們身體的基本結構、細胞也會產生突變，免疫系統就會異常，這是用心靈的角度來探討疾病的形成。

Dr. Toop 這席話，改變了我，我開始接受我是免疫系統異常的患者。而我不該再用生氣的態度來和疾病相處，我決定要以歡喜心，提升免疫之功能。

以往，我和一般生病的人一樣，有個偏見，認為人會生病，是因為做錯事，受到老天的懲罰！佛教的信眾，遇到有人的身體有病痛或發生意外，常以一句「業障」來解釋發生的原因，但這並不是慰問患者的正確觀念。

做為佛教徒，我們應以「無常觀、因緣觀」來理解疾病的產生。人的身體屬於物質的色法，色法有兩層意義：

一、質礙義——物質和物質各具有體積，會互相障礙，乃至碰撞摧毀。

二、變壞義——身體是由地水風火四大元素所組合的，當因緣條件偏差、不具足時，自然會壞去。既然身處因緣所成就的世間，給予什麼緣是很重要的。我給予我的身體什麼樣的因緣呢？

我細細回想生病前的那段時日。我為了縮短就學日程，快快拿到文憑以便回歸寺院的生活，所以我天天熬夜、三餐亂吃、壓力好大、情緒不穩……這都是不健康的因緣。

生病後，吃了不少苦。當我看到《雜寶藏經》裡的一句話：「得勝增怨，負時添憂；不爭勝負，其樂第一」時，我的感觸特別深。佛陀教我們在人間生活要守「中道」，如果一味追求名和利，或是執著於某件事，都是不恰當的，應離開執著而不偏於一方。人生如調琴弦，太緊的積極，弦會繃斷；太鬆的消極，則彈不出聲音來。但我們常將「中道」誤以為是折中之道，實際「中道」是以般若智慧來調和事理，融和有無；是超越有無、超越得失、超越善惡、超越愛憎的二邊極端，來導正我們的行為，趨向「解脫之道」。

佛陀說「生命在呼吸間」，佛法中常說關於「無常」的真相，真的要透過病苦的歷程，才能建立踏實的修行；沒有真實的體證，理論往往淪為空談。

星雲大師所開示的「這個世間是一半一半的」，藉由生病的因緣，我遇到很多幫助我的人，但也遇過很多不接受我的人；我遇到好的醫師，也遇到誤診我的醫師。我體內的自體免疫系統為什麼會出問題？就是因為對自我的要求太過完美，被我見、我慢所蒙蔽，太過執著，所以破壞了自體免疫系統。因為對自己而言很完美的狀態，對他人而言，可能是不舒服的，結果自己活得辛苦，也讓別人辛苦。星雲大師教導「殘缺也是美」，接受不完美，才是人生的真相，因為完美的人生，在娑婆世界是找不到的。多年的疾病雖然讓我受了不少折磨，但也成就了我後來對所有的人、事、物，只有感恩，沒有抱怨。

心無罣礙

心無罣礙，無罣礙故，無有恐怖，遠離顛倒夢想

整句經文是「心無罣礙，無罣礙故，無有恐怖，遠離顛倒夢想。」一般人學佛，對於修道、成佛，總是感嘆很不容易。但修道、成佛，對有些人來講是很容易的，容易的程度，我一開始也不了解，直到我看到「拈花微笑」的公案，心中幡然有所領悟：

世尊有一天在靈山會上說法前，拿起一朵花，對在場大眾揚一揚，大眾看了都默默的不發一語，唯有大迦葉尊者一人破顏微笑。此舉竟然獲得大覺世尊的讚美：「吾有正法眼藏，涅槃妙心，實相無相，微妙法門，不立文字，教外別傳，付囑摩訶迦葉。」這段讚美詞，後被謂

為禪門立宗千古流傳的頌詞，也藉此「佛陀拈花，迦葉微笑」的典故，證明迦葉早已與佛陀「心心相印」。這是禪宗史上的第一則公案，也是禪宗的起源。

初看這個公案時，我常常在想，為什麼尊者只要微笑，佛就把法傳給他了呢？同樣是探討佛陀本懷，令我百思不得其解的是，為什麼尊者如此容易獲得佛陀的青睞，馬上成為「佛的傳人」；吾等努力再三，卻還是達不到那種境界呢？

一日，我正在持誦《心經》，誦到「依般若波羅蜜多故，心無罣礙，無罣礙故，無有恐怖，遠離顛倒夢想，究竟涅槃……」，此時心中浮出疑惑，為什麼「無罣礙故」，可以「無有恐怖」呢？突然，尊者「拈花微笑」的故事再度浮現腦海，思啊！想啊！坐啊！立啊！我將全副心思融入「迦葉微笑」那一刻的心境。尊者會心一笑，究竟為何？我靈光一現，原來，答案就在這段經文中。因為尊者的「心無罣礙」。

當尊者見到佛陀拈花示眾時，他的心中毫無牽掛，不起任何分別意識，直覺笑了！我們可以試想，那場靈山會上，眾中有百萬人天，當他們看到佛拈花時，口中雖然沒有講話，但個個心中有很多話在講哪！他們在想：「佛陀為什麼拈花？」「用意何在？」「在暗示哪位是今天的當機者嗎？」「我此時該向前請法嗎？若是，會獲得佛的讚賞嗎？」「若非，會被喝斥嗎？」千百人心中有千百種疑慮和猜測，輾轉分別。

當時，與會的大眾個個心神難安，都想提出好問題以博取佛的讚美，這個當下，他們的心中是不是已經有貪念了呢？而擔心問得太淺薄而遭致同儕譏笑的人，心念流轉的剎那，對他人及對自己，已經埋伏了瞋的因子。有貪有瞋，就容易愚癡，在得與失之間顛倒妄想。正當與會大眾心中的三毒正在輾轉流竄時，尊者卻氣態非凡，想笑則笑，神態自若，以一顆平常心，無罣礙的示現他的「真心」，與「佛心」相應，這就是為什麼後世人說佛與迦葉尊者「心心相印」。

「無罣礙故，無有恐怖」。人之所以有怖畏，是因生命遭到威脅，得不到權力與情感，因此感到恐慌與罣礙。尊者已經悟到無我相，也無人相，所以一切皆空。因為尊者具有這種智慧，所以才不為現象界所惑。既然尊者心中罣礙無存，對佛道的得失平等視之，自然對生死也能不怖不畏。須知生死輪迴雖凡聖有別，但增減不了自心。心、佛、眾生三無差別，是尊者當下所顯現的平等觀；他流露出「我心即佛，佛即我心」的自性光輝，自然獲得佛陀嘉許，得以印證法要，傳承衣鉢。

「遠離顛倒夢想」。當內心能了無牽掛，對生死能不畏懼時，此刻尊者已破「我執」之障礙，身心獲得輕安自在，對萬事萬物之緣起緣滅，也昭朗於心，不再迷真認妄。靈山會上，尊者因巧緣逢佛陀無言拈花明示，即以自性般若，照破世間、出世間的夢幻空花。因為無一法可得，所以無須執著。尊者一笑，表示最難破的「法執」也蕩然無存了！「我執」、「法執」已無所依，「顛倒夢想」又在何處落腳呢？何謂無明煩惱？何謂菩提自性？只因顛倒妄想而起分別，實則無一無二。今尊者持般若大火炬，照破「貪瞋癡」黑暗纏結，自然與佛同享寧靜光明的境界，常住不生不滅。

「般若」之功能如此明白，我們能不繼續努力鑽研《心經》嗎？

三障煩惱

佛門常念誦的一首回向偈云：「願消三障諸煩惱，願得智慧真明了；普願罪障悉消除，世世常行菩薩道。」

三障煩惱一除，般若智慧就現前，多棒啊！遺憾的是，我們每天早晚課都向佛菩薩這樣祈求，卻不知要如何去除這三障？這三障又是何物呢？

這三障正是《心經》中的「心無罣礙，無罣礙故，無有恐怖，遠離顛倒夢想。」

「心無罣礙」指的是「報障」；「無罣礙故，無有恐怖」指的是「業障」；「遠離顛倒夢想」則是「煩惱障」。佛陀宣說《心經》的作用，就是要破除眾生的三障，即報障、業障、煩惱障。

報障，就是我們個人在人世間現前的果報，又分正報和依報。

正報就是我們身體與生俱來的模樣，依報就是我們周遭賴以為生的一切生活環境。我們從開始理解人事後，就時時在罣礙正報和依報的種種變化。今日有幸能學佛聞法，能覺悟外在境界皆是因鏡現影，包羅萬象千差別，並非實有。故《心經》曰：「菩提薩埵（學道者），依般若波羅蜜多故，心無罣礙。」亦即依佛陀的教示，我們徹底了解依報和正報皆不可靠，如眼中翳，都只是因緣和合的假相，並非真實存在。更幸運的是我們有幸成為佛子，內心更不會去罣礙別人穿的是「外雙C」（香奈兒）名牌，自己只穿「彎腰牌」（路邊攤）；或在乎自己

「正報」五官的組合美醜、身材的高矮胖瘦。

但正報和依報通常只讓我們罣礙而已，還不至於恐怖，直到有攸關生死的病痛和危難等業障發生時，才讓我們感到恐怖。恐怖是害怕，由罣礙所生。一個人，一生之中，時時、處處，無不在罣礙中周旋。未得到的，拚命追逐；已得到的，又害怕失去，所謂：「患得患失」，一生都在擔驚受怕中度過。

我生病之初，曾對我的病產生種種恐怖。或許有人會問：既然出家了，對依報和正報既能「心無罣礙」，為什麼還會恐怖？為什麼？因為有「我」之故。這個「我」，正是六道輪迴的種性。很多佛教徒修行用功時，會參加「佛七」、「禪七」等「打七」的活動，就是要用佛法把「我執」（即第七識）打破。

我們為什麼會對一切執著，皆來自第七識的我執，乃至也是「我執」造成生死的輪迴。此外，亦有存在我們心中的各種妄想，稱為煩惱障。

菩薩依般若見到法的空性，如果我們也能起用般若破「我」，則「無罣礙」，沒有罣礙自能祛除「恐怖」業障受報之心。

在我病發的期間，報障、業障、煩惱障一起現前，其中障礙我最嚴重的，是深沉的邪見——撥無因果（否定因果之道理），也就是煩惱障。

我年少即出家，家師管教很嚴，山上又有很多師兄弟盯著我，很少有機會做壞事。後來卻生了這樣的重病，到底是什麼樣的因果報應呢？不但壞事沒做，在佛光山佛學院裡，多的是做好事、修福報的機會！

我初出家時，曾經擔任香燈管理大悲殿，當時我很努力維護殿內的整潔，也很用心的把拜墊排得整整齊齊的。如果說來拜佛的人有功德，那我也應該分到一點他們的功德，得到一些福報吧！那我為什麼還會生這個「奇怪」的重病呢？這個否定因果的邪見，在我生病的初期，一直充塞在我的心中。

我得的病，會致使鼻梁和兩頰出現紅斑，就像一隻蝴蝶斑停在您的臉上。紅斑的形狀，看來就像被野狼咬過的痕跡，又疾病不僅影響皮膚，也侵犯全身器官，身體與心裡的折磨程度著實讓人顛倒妄想。現今，已經有比較進步的藥物和療法了。

我為什麼會得「狼瘡」的病呢？連名字聽來都既怪又駭人。左思右想下，我想到悟達國師的故事。

原來國師前世是漢景帝時的重臣袁盎，當時晁錯為御史大夫，因提議削去諸侯的封地，造成七國造反之亂。袁盎向景帝進言，殺晁錯以謝七國，晁錯因此被景帝下令腰斬於東市。晁錯被殺後懷恨在心，死後魂魄一直要找袁盎報復。無奈袁盎後來十世皆為高僧，晁錯十世尋仇都無隙可乘。直到唐懿宗時，袁盎轉世為悟達國師，被封為國師的那一天，皇帝賜坐沉香椅、贈紫金袈裟和金缽等，欽差大臣也要對國師禮敬三分，於是悟達國師生出我慢心：「出家人像我這般成就，實在世上少有。」我慢心一動，道行出現缺口，就被晁錯找到機會，化為人面瘡，附在悟達膝蓋上，向他討命債。後幸遇迦諾尊者明示，才以三昧水滌之而獲癒。國師癒後懺悔前業，寫就《慈悲三昧水懺》懺法，後人據此懺法，做為滅罪消愆的法門。

悟達國師能以坦然的心，面對他的業報。我心想，我今日也得了「狼瘡」一病，同樣是長了瘡，正提醒我要放下傲慢心，好好的恭誦《慈悲三昧水懺》。在恭敬禮拜《慈悲三昧水懺》時，我向佛菩薩誠心祈求：我願意坦然的面對，承受今日的業障病，但請求佛菩薩，稍微轉變我的報障，讓我的病厄，受報時都應現在身體的內部，不要破壞身體的外相，菩薩啊！不是我仍執著我的面貌，而是我生活在僧團之中，每日也要接引信眾；如果我以破敗的面容現身，會讓道友失去信心、耐心，也會讓信徒退失道心。」我虔誠禮拜《慈悲三昧水懺》，佛菩薩真的非常感應。之後我的病，都在身體內部出狀況，不示現在外相上。

也祈願生命不要很快消逝。因為人身難得，而我此生更難得有出家的因緣，拜在星雲大師門下修行，我祈求佛菩薩讓我延長一些時間，多多弘揚佛法，來懺悔過往的罪業，願所修的功德回向給我的業報。

以懺悔心，納受現前的因緣

在認真讀拜《慈悲三昧水懺》內容時，我領悟到三世業報猶如會計原理，我們做會計報表會有上個月的結算數字，再來會有這個月的收入和支出，綜合出本月收支的結餘是多少？也會編預算為下個月收支額度而努力。

上個月不就像是我們的上輩子，我們帶著前世餘額是正是負而來人間呢？本月的收入和支出就相等於，我們今生做了多少善業存進了多少功德？造了多少惡業挪支多少福報？結餘下來，一輩子的努力我們餘額有透支嗎？種下什麼樣的果報？我們可曾為人生的未來做規劃，我們預計為來世存下福德或業債呢？三世因果精算絲毫不差，《大寶積經》云：「假使百千劫，所作業不亡，因緣會遇時，果報還自受。」經此一番領悟，日後我將以懺悔心，納受現前的因緣。人，或因一時不察的誤作或因前世的業報，致使身有病痛。

病痛纏身受到奚落的時候，我曾常質疑：佛陀真的存在嗎？直到我閱讀了《法句譬喻經・刀仗品》之後，對於因果受病之報，才有了更深一層的體會。

話說佛陀時代，有一個國家叫賢提，當時賢提國中有一位年老比丘，因久病之故，身體又髒又臭，所以都沒有人去探望他。佛陀在禪定中得知，便吩咐弟子們輪流去看護。但所有照顧他的比丘，都因為他一身髒臭而感到噁心，甚至不情願去看護他。

佛陀知道後，便親自為病比丘洗滌身體。由於佛陀的慈悲，使得大地為之震動。賢提國王得知佛陀親自為這位病比丘潔淨身體，震驚異常，急忙帶著臣民來到精舍向佛陀請罪。國王對佛明言：「在我的國度裡，竟然讓尊貴的佛陀您為病比丘洗滌汙穢，這般失禮之事，祈請慈悲的佛陀原諒。」接著，賢提國王也誠心向佛請教：「弟子愚昧不明，想請問世尊，這位比丘是何業報，為何病如此重，且得不到他人的照護？而如此病重的比丘，又有何福德，能獲得您為他洗去身上的髒垢呢？」

佛回答說：「過去有一位國王，名字叫做惡行，他的施政非常嚴厲殘暴。為了懲治罪犯，他找了一個力氣很大、名叫伍百的獄卒，如果有人犯罪，這位獄卒就會對罪人執行鞭刑。伍百經常假借國王的威嚴權勢，乘機索取賄賂，如果有人暗中給他好處的話，他就鞭打得輕一點；如果得不到，他就把人家打得皮開肉綻。結果，全國上下都非常懼怕他。

有一位有德行的賢人，被人家誣陷，也要遭受鞭刑。伍百拿起鞭子要鞭打他的時候，他跟伍百說：『我是一位佛弟子，根本沒有犯任何的過失，我是被人家誣陷的，希望你能夠稍微寬恕一下。』這時候伍百倒是慈悲心大發，雖然揮舞著鞭子，但是都避過賢者的身體，沒有真正打中賢者。

伍百命終之後，因為過去索賄、殘暴的種種惡行而墮到地獄，遭受種種鞭打，痛苦萬分；地獄的罪報受盡之後，他又轉生到畜生道，也是經常被打。經過五百多世，伍百的畜生罪報受盡了，最後才轉生為人；雖然轉生為人，但伍百也經常多病，苦不離身。」

佛接著說：「當時的國王就是提婆達多，伍百就是這位病比丘，而當時的賢者就是我。由於過去世他與我結下這個善緣，所以今生我來還恩，親自為他洗滌身垢。人，做惡做善，罪惡福德都隨身，雖歷經生生死死，這些果報依然擺脫不了。」

看了這個故事後，我對於自己為什麼會在病後被誤診？為什麼會在病後遭到他人異樣的眼光？開始感到釋懷。我懺悔發願，今生不再與他人引起共業。我提醒自己，遇到逆境及生死當前時，要坦然面對它、泰然接受它、超然處理它、最後安然放下它。我們對生命的困境要抱持正面的心態，因為那正是我們還債的機會。要知道，有很多人，在業障現前時，是根本沒有機會償還，就直接破產的（往生）。當我開始改變我的想法，以懺悔心接受業報時，我發現很多境界都能輕鬆度過了。

病程中，我曾經因胰臟炎被迫住在醫院內長達七十二天，不但禁食，連水都不能喝，甚至連我自己的口水都不能吞下去。有時我看到別床送餐來，忍不住生出口水，這時我必須趕快按一下我身邊的機器按鈕，它連接著我的鼻胃管，會馬上把我的口水吸走。有時因為我姿勢不佳或是我的胃內空無一物，馬達的強力吸出來的液體，通過鼻胃管時，我的雙眼可以直接看到管內紅紅的血塊，那可能是我胃壁的肉。

長時間被禁止飲食，我以正面的思考來看待這件事：如果必須墮落三途惡道才能見識餓鬼道的話，那我是在人間就能修餓鬼道來償還業報了。這樣想著的時候，我的心中竟然生出了歡喜心，不覺每日的禁食及嘴破潰爛是痛苦的。

也曾在新加坡時，只因一個拿取滑鼠而稍微往前伸腰的動作，當天晚上，我的腰就痛到無法入睡。眼看著接下來還有十多場的演講行程，怎麼辦？很感恩的是，我還能走、能坐，只是無法躺下和站立。一回到台灣，我馬上去醫院檢查，醫師要我第二天馬上進醫院開刀，因為我的腰骨已經斷了。我仍然很感恩諸佛菩薩護念，我圓滿二十場年度的新馬巡迴講演行程，唯一感到遺憾的是，手術之後我矮了十公分。

佛陀在《心經》中告誡我們「遠離顛倒夢想」。要曉得世間一切只因顛倒夢想，才會認為富貴榮華是真有，於是，貪愛求取、追逐染著，結果造了幻業，接受虛幻的生死，在六道中輪迴，承受虛幻的痛苦而不自覺，就像在一場大夢中永不能醒來一樣。

永嘉大師云：「夢裡明明有六趣，覺後空空無大千。」妄想是煩惱的因，生死是煩惱的果。妄想若能遠離，則永斷煩惱；遠離無明，則無生死輪迴。我們念佛求生淨土，首要心不妄想意不顛倒。若能遠離顛倒夢想，就破了「煩惱障」，相對也過了「業障」這一關。

世上一切事物本非實有，假若困境可以解，你何必心煩意亂？假若困境無可解，鬱鬱寡歡有何用？能將罣礙的得失心釐清，緊接著「報障」也就迎刃而解！更重要的是，我們應拒絕「憤怒」這種負面情緒，因為那只是添加患病和無明而已。

「心無罣礙，無罣礙故，無有恐怖，遠離顛倒夢想。」當我們高唱「願消三障諸煩惱」時，也要靠我們自己正面的能量去化除的。佛法雖說「定業不可轉」，唯願力是可以轉的。如果我們真心誠意的懺悔，佛菩薩總是會滿我們的願。我就這樣，在佛菩薩的加持下，留下一條小命，繼續我在人世間的修行。

般若能量

三世諸佛，依般若波羅蜜多故，得阿耨多羅三藐三菩提

《心經》云：「三世諸佛，依般若波羅蜜多故，得阿耨多羅三藐三菩提。」當我們讀到這一句時，應該就會分辨佛陀的母親是誰了吧？悉達多太子的母親是摩耶夫人，但佛的母親，是「般若」。

無上正等正覺是佛，諸佛盡從般若出；般若本性，在聖不增，在凡不減。星雲大師在主持皈依典禮時，常要每位皈依者跟著他大聲喊一句：「我是佛！」為什麼大師要告訴大家，每個人都是佛？人憑什麼說自己是佛？憑的就是般若。

有人問惟寬禪師：「誰是佛？」

惟寬禪師回答道：「我不敢告訴你，說了恐怕你也不相信。」

信徒說：「禪師，以您的名望，您說什麼我都相信。」

於是惟寬禪師就指著信徒說：「你就是佛！」

信者非常懷疑的問：「我是佛？我自己怎麼不知道呢？」

禪師答：「一翳在眼，猶若空華；但離妄緣，即如如佛。」

般若是讓我們明了無分別，於平等性中顯出自己本來面目。研究《心經》，就是要我們把生命的本源探討出來。

人人本具般若，但「般若」究竟是什麼？為什麼「般若」能讓一介凡夫號稱是佛？

般若原是梵文 प्रज्ञा（Prajñā），原字有很多意涵，我們直接音譯為般若，但有時為了方便，會以「智慧」來暫稱它。但「智慧」不能完全代表般若，因為智慧有善的、有惡的，而般若是純善的。

般若就是我們所謂的佛性，亦是法相宗所說的「大圓境智」、是天台宗的「真如實相」、是禪宗說的「本來面目」；在淨土宗裡，就是「自性彌陀」。總之，它是真實存在但很難表達的，但也可以說是凡夫身上本來就具有的能量。

十幾年前，《祕密》（《The Secret》）這本書出版，在半年內暢銷五百萬冊，書中引用近三十位量子學、物理學、心理學、醫學、神學、文學等專家或親證者的說法，欲闡述、證明人類及宇宙本自具有的一股神祕力量。書中記載和專家學者說出，我們每個人都具有的一種「能量」，這股能量能幫助我們達成人生的任何夢想。最後作者也沒說清楚它是什麼，只是要大家自己繼續探尋這股支配人生的神祕力量。

這股力量究竟是什麼？當我看完這本書，也看了書中專家們所講述的DVD，我認為這股力量就是無相無名、實之俱存的法界真如。這種「能量」，如同「佛性」，既然每個人都有，從學佛的那天起，就一心一意想要成佛的我們，曾經找過它嗎？它到底在我們身上的哪裡？

《景德傳燈錄》中有一則公案，這個公案幫助我打開全新的思惟，調整了我人生的方向，也讓我找到生命的力量與存在的意義。

兩千多年前，異見王（印度的一個國王）素不信佛教，見人民信佛虔誠，而想打擊佛教。有一賢臣進言：「王不知何者為佛，如何毀滅佛呢？」王於是請賢臣去迎請佛。賢臣對王說：「我也不識佛，不知佛在何處？我們國內識佛者，唯有達摩祖師派下的弟子婆羅提尊者知道佛在那裡。」於是王派賢臣快快請婆羅提尊者前來，而婆羅提尊者與國王有了如下的對話：

王問尊者：「何者是佛？」

尊者答：「見性是佛。」

王問曰：「師見性否？」

尊者答：「我見佛性。」

王問曰：「性在何處？」

尊者答：「性在作用。」

王又問：「是何作用，我今不見？」

尊者曰：「今現作用，王自不見。」

王再問：「於我有否？」

尊者曰：「王若作用，無有不是；王若不用，體亦難見。」

王又問：「若當用時，幾處出現？」

尊者答：「若出現時，當有其八。」

王問曰：「其八出現，當為我說。」

尊者以偈答曰：「在胎為身。處世名人。在眼曰見。在耳曰聞。在鼻辨香。在舌談論。在手執捉。在足運奔。遍現俱該。沙界收攝。在一微塵。識者知是佛性。不識喚作精魂。」

人生在世，時時處處都是在性的作用中。佛性在哪裡？古德有云：「朝朝共佛起，夜夜抱佛眠。」原來，佛性本具在身上每一處，包括做人處世、成家立業，無不是「性」在起作用。但有人做得很成功、有人卻做得很失敗，端看我們如何運用內在的般若能量，如何運用我們人的性能。一個物件的性能如能好好發揮，它的價值就高，人生也是如此。「性能」往好的方面發揮或是偏向不好的一方，關係著我們的一生。《金剛經》有云：「若以色見我，以音聲求我，是人行邪道，不能見如來。」有形的佛像不是真佛，那只是方便我們修佛、敬佛、學佛而已；真正的佛在我們自身，若能將性能發揮出作用，也就是「行佛」，才是真正的見佛。真正的佛性雖然沒有特定的樣相，我們所具有的能聽、能見、能嘗、能嗅、能活動、能思惟的性體；雖然無相，好像是無，但它卻是真實存在的，它是我們生命的根本，也是維繫我們生命的能量；它是我們體內的動力，沒有它，我們對境也起不了功用來。

《大乘起信論》中馬鳴菩薩開示：「此心生滅因緣相，能顯示大乘體相用故。」學佛就是發揮體大、相大、用大。雖然我們看不見自己內在性能的「體」，但它就像電一樣，我們看不見電，但我們看得見電燈，燈具就是「相」，光亮就是電透過燈具發揮出功能作「用」。

星雲大師亦說過，人的生命本體是不生不滅的，而人的生死就是相。相是從生到死的過程中，所表現出的一切活動，就是所謂的「生活態度」，也就是我們本體發揮出來的作用。星雲大師所推動的「人間佛教」，講的就是生命學、生死學及生活學。

生命學探討我們人的佛性本體；生死學探討的就是世間實相無常；如何把我們人的功能和作用發揮出來，就是生活學。生活學不是要追求吃好穿好，而是在探討如何發揮生命最大的功能和作用。

我們常說「隨緣起用」。隨緣起用，要借助「相」，我們的修行，往往也要借助假五蘊而修出真佛性。所謂「泯相性生」，就如同電透過冰箱產生冷度，透過暖爐則產生熱氣、透過電視機而產生影像；電是沒有分別心的，透過任何的相，都能使其起性能作用。就像每個人內在的佛性也是平等的，只因每個人的業報不同，顯現的正報和依報不同罷了。

如不顯相，就無法起任何作用。譬如沒有身體這個相，就不能講話、工作、成就事情等等。這個「相」是因為性「體」而有，是性起的作「用」，所以說相並不是根本，也不究竟，所以佛告誡我們不要執著於相。

但眾生往往在相上認真，認真執著在色法上，認真物質的追求、認真執著累積學佛的年資、認真執著在「我對佛教奉獻了多少」、認真執著在自己的修持功力……殊不知，這些都是錯誤的認真，都在我癡、我見、我愛、我慢上執著，縱使學佛年資再久，煩惱依舊啊！

《金剛經》又云：「若見諸相非相，即見如來。」只有透過諸相來見性，見到無形無相的性，才是見到如來。如果我們能超越外相上的差別而直見生命的本質，就能見到自性本體的功用。所謂見如來者，不是見到身外的某尊佛，而是見到我們的自性佛。佛性本體是無相，但卻不能離相，離了相便產生不了功用。所以說，佛性本體是法身，世間實相是報身，教化功用是化身，三者一體。

佛如果不示現出生在人間，就不能在人間教化眾生，也就不起作用；若不說法度眾，又怎能證明佛性本自具足？佛說世間凡所有事皆是虛妄，而我們人的相是有時間性的，從生到死，有特定的一段時間；在這段時間裡，我們能讓它發揮什麼樣的功能作用呢？是成就了善業或造了惡業呢？

以感恩心，展現生命的能量

人間佛教的教育，就是讓佛性發揮功用的最佳法門。我從加入國際佛光會的會員當中，見證到他們的生命發揮了很大的功能作用。有人告訴我：「加入佛光會修學人間佛教後，同時也成就了自己的菩薩道人生。過程中雖然很忙，但生命的性能在發揮，此生有此因緣在人間，藉由這樣修學人間佛教的團體，把生命的本體作用發揮出來，感恩都還不及，哪裡會抱怨累呢？而且這種發揮是有時間性的，當下若不把握，何時才有機會呢？

我們常說「見性成佛」，在何處見呢？在作用處見。萬事萬物皆有作用，椅子的作用就是能坐，桌子的作用就是能置放，筆的作用就是能寫，人的作用又是什麼？我們有將人的特性發揮出來嗎？六祖慧能大師說：「佛法在世間，不離世間覺，離世求菩提，猶如覓兔角。」更清楚的說法是太虛大師的：「仰止唯佛陀，完成在人格，人成即佛成，是名真現實。」這是十分確實的。

星雲大師說「有佛法就有辦法」，明示我們本自具足的能量存在，如果能善加發揮這種能量，無事不成。大師又說：「生活就是修行，社會就是道場，眾生就是佛祖，歡喜就是開悟。」這就是人間佛教的修練，也是大師對佛法深入淺出的詮釋。

我病發的初期，萬念俱灰，幾乎是在等死。有一天，星雲大師看到我，就對我說：「我們去走走吧！」我虛弱的說：「我不行啦！我快死了！」大師說：「我用輪椅推你。」我連忙站起來說：「不用不用，我會走啦！」

我們一起走著走著，走到西來寺的停車場，停車場旁是一排教室。大師看著教室說：「你來這裡當校長好嗎？」我連忙搖手說：「不行啦，我都快要死了！我連拜佛禪坐的修行都沒辦法完成了，怎麼能當校長？」大師說：「你當然可以，你連美國總統都可以當！」

我當下感受大師對我的慈悲和疼愛。大師一生實踐「四給」，給所有人歡喜、信心、希望和方便。大師之所以說我「連美國總統都可以當」，意思就是：人人都具有佛性，就像民主國家，人人都可以當總統。只要因緣條件具足，只要我們講出「Yes we can」，只要我們願意發心、願意承擔、願意負責。大師接著對我說：「能用，是做人的最高價值。你現在還有機會被用，要把你的般若能量展現出來，那就是你的修行。」

我就這樣接下佛光西來學校校長的職務。一開始，佛光西來學校只有八十位學生；第二學年，就有八百人。我擔任校長三年期間，洛杉磯僑界中文學校舉辦運動大會，佛光西來學校三連霸總冠軍。我甚至不自量力，還組了一個「佛光青少年交響樂團」（Buddha's Light Youth Symphony Orchestra），轟動了洛城的華僑界，這是哈崗學區唯一的交響樂團（該學區有四所高中、四所中學、十餘所小學）。

第二年佛光西來學校出版校刊時，大師勉勵我們寫下一副墨寶：「歌頌慈莊建西來，佛光普照；效仿永文法師辦學校，法水長流。」我知道這不是我個人的成就，而是全校師生和家長們的集體創作，加上「Yes we can」的共同理想，說穿了這都是一種「能」的作用而已。

大師給予佛光會會員的期許，也就是這麼一個「能」字，能為自己留下信仰、能為家庭留下貢獻、能為社會留下慈悲、能為生命留下歷史、能為道場留下功德、能為眾生留下善緣、能為未來留下願心、能為世界留下光明。「能用」，是生命最大的價值和意義！

經大師點化後，我開始以感恩心，發揮我生命的能量。我以大師的人生觀：「忙就是營養」、「人生三百歲」、「自覺與行佛」做為我人生意義的指標。我默默的許願著：「我要將我在佛法上得到的恩惠、所感受到的法喜，以及佛法帶給我的樂觀積極，和大眾結緣，為人間受苦的人們注入一點幸福感。」

是佛菩薩聽到我的心願了嗎？不久之後，我奉調回台執行拍攝《佛光山三十周年》電影紀錄片，該電影的攝製工作，禮請金馬獎導演王童率領中央電影公司團隊拍攝。

返台後，我掛單於剛落成啟用不久的台北道場，隔日一早，星雲大師又帶領我參觀各樓層。當走到預定規劃為社教館的十一樓時，大師開口說：「你把辦西來學校的那一套，搬回來這裡吧！」從此我在一邊隨中影團隊出機拍攝，一邊規劃社教課程，聘請師資、招收新生，兩個月後台北道場「佛光緣社教館」開學了（現更名為佛光山人間大學台北分校）。

當時我們開設了五十幾種課程，學生人數八百多人。第二期後，學生就達千餘人。因為台北道場交通便利，上課學生人數很快就滿額不足為奇；我最高興的是，他們來上課之後，身分有所轉變，從學員轉為皈依的信徒，再轉為道場義工，更進一步加入佛光會，後繼為會長、督導等佛光會的重要幹部。

也是讓我欣慰不已的是，之前我在美國西來學校遲遲辦不起來的「松鶴學苑」，回到台北，卻一下子就辦成功了。有一位從七十六歲就來就讀「松鶴學苑」的馬小姐，現已高壽一百零三歲了，她最快樂的一件事，就是來「松鶴學苑」上課；而人稱「龍班長」的翔甫居士，也已高齡九十三歲了，每次來上課前，都要問聲「老館長」在不在？然後跟我說一聲：「老館長，謝謝您引導我來此學佛上課，否則我慧命不知會流落在那裡？」還有春枝師姐高齡滿百，兒女希望她來半天就好，她堅持不缺課讀全天的，表示跟大家在一起比較快樂又有意義！

星雲大師「給」的哲學，給了我充沛的生命動能，也給了這些渴望再成長的社會人士終生受教的機會。大師給出因緣，讓我們的生命有更多的「用」，在「用」的功能中，我們獲得生命更高的價值。

因為拍攝《佛光山三十周年》電影紀錄片的因緣，後來我又接了一份重責，開辦「佛光衛星電視台」（現已更名為人間衛視）。領了這份秒族的職（以秒計費），對於免疫系統異常的我，充滿挑戰和壓力。後來離開電視台工作後，我以義工的身分完成《觀世音》連續劇攝製。想不到原本奄奄一息，只想等待往生的我，竟然也能被用，而且發揮得淋漓盡致。

病後領職或當義工，我也體會到，換個想法，人生可以活得更精采！我現在隨緣到處弘法，只要傳燈會開牌，我已經能做到從不說「NO」，由於大家都以病來介紹我的身分，我除了慚愧外，並不介意生病的事被拿來討論。大家在與會中最常問我的一個問題是：「生病了，為什麼還能活得那麼快樂？」我的體悟是：「真正的快樂是來自內心，因快樂是發現來的，而非追求來的，當您內心訂下一個標準，若不能如己意，就會陷入痛苦中；唯有懂得感恩的人，讓自己身心成為有用的人，就能發現快樂時時圍繞著我們呢！」

無所得故

以無所得故，菩提薩埵

《心經》裡面講了一連串的「不」和「無」，講到「以無所得故，菩提薩埵」時，頗有柳暗花明之妙，告訴我們依「無」而行的話，人生開始有了新的轉機，就能有菩薩道的人生。

「無」是什麼？無是包容，無是空性，無是放下，無是超越的差別，也是真正的平等。星雲大師為了讓佛法更能普及人間，讓大眾能聽得懂、能接受、更能做得到。大師用佛法的精義，寫了許多歌詞，再讓人譜曲傳唱，稱之為「人間音緣」。其中有一首〈佛道〉，可以幫助我們明白「無」。

什麼是佛道？無你 無我 無生死分隔的超越觀
什麼是佛道？無自 無他 無怨親對待的慈悲觀
什麼是佛道？無你 無我 無人我差別的緣起觀
什麼是佛道？無私 無欲 無利害得失的平等觀
只要以此修行即是成就佛道 只要以此修行即是成就佛道

「無」像什麼？無就像茶杯裡的水。這杯水若是宇宙萬有，那「我」就像是一粒糖或鹽，進入到「無」的水中時，就和宇宙萬有的這杯水完全合而為一，沒有了自我的個體，我成為茶杯裡的水，是甜是鹹我都不會嫌棄，都能接受，因為茶杯裡的水也就是我。

「我」要像一粒糖或鹽，才能和水彼此包容，成為一體；但大部分的人，都不像甜美的糖或是有作用的鹽；大部分的人，就像一顆頑石，進到宇宙萬有之內時，都不會溶化，也不被包容，堅持自我個體的存在，放不下自我，融不進他人，外在他方、其他眾生的好與壞，都與「我」無干，「我」看不慣他人，他人也容不下「我」，彼此排擠，彼此妨礙，「我」做任何事時，都感到很辛苦。

「菩提薩埵」是梵語，簡稱菩薩，菩提意譯為「覺」，薩埵意譯為「有情」，合稱「覺有情」。「覺」是菩薩所要追求的，「有情」是菩薩所要救度的。所謂「上求佛道，下化眾生」，就是覺有情的目的和理想。

菩薩一詞若與「學生」對比的話，成聖成賢的菩薩就是研究生；初發心的菩薩就像幼稚園或國小的學生。凡是發心求證真理、利濟有情的修行者，皆可稱為初發心菩薩。提倡人間佛教的太虛大師說過：「比丘不是佛未成，但願稱我為菩薩」。足見「菩薩」不應只是定位在殿堂內或供在佛桌上的聖像，其實菩薩也是從凡夫開啟基層的修行，累劫發弘願利益眾生而得名的，只要為人間尋歡喜，為人間勤奮工作者，皆是「大菩薩」。

菩薩行的就是「無」，無相、無量、無邊、無上，要「無」才會廣大，所以我們要學「無」。菩薩視眾生和自己是一體的，觀世音菩薩可以倒駕慈航，因為眾生在遭受苦難時，祂的心是不安寧的；地藏王菩薩可以到地獄救度眾生，因為祂把眾生當成自己，眾生的苦就是自己的苦，所以祂才會發願：「眾生度盡，方證菩提」。阿彌陀佛用黃金和七寶打造了西方極樂世界，是因為祂喜歡黃金和七寶嗎？不是的，是因為祂知道那是眾生喜歡的，所以用這樣的建材來吸引眾生到西方淨土繼續修行。

佛說「心佛眾生，三無差別」，真的沒有差別嗎？理上沒有差別，但事相當然有差別，因為我們所說和所做的，不是佛說佛做的；我們的思考模式，也和佛不同。我們只有本具的般若佛性和佛一樣，正因為我們身所做的、口所說的、意所思的都和佛不同，所以我們才要修行。

雖然就生命本體的平等性，我們和佛一樣，但我們因為身口意「三業」，所修的境界卻遠不如佛。《金剛經》裡，須菩提問釋迦牟尼佛的第一個問題就是：「菩薩云何應住，云何降伏其心？」須菩提問的是，已發菩提心的學佛者，心要如何安住？若是起了妄念執著的心，又該如何去降伏這顆心呢？

佛回答須菩提：「善男子、善女人，發阿耨多羅三藐三菩提心者，當生如是心，我應滅度一切眾生，滅度一切眾生已。而無一眾生實滅度者。何以故？須菩提！若菩薩有我相、人相、眾生相、壽者相，即非菩薩。」佛對須菩提的回答是：已發菩提心的行者，應該這樣發心立願，要讓無量無邊的眾生，脫離一切苦難、免除生死的煩惱，並得到究竟的法樂。但當菩薩完成度眾工作後，當要知道「實無眾生得滅度者」，沒有一個眾生是我度的，為什麼呢？因為眾生本具佛性，菩薩行者只是為他們鋪了些得度的因緣而已。

做為一位菩薩，應該要如此降伏其心，無我相（沒有自我個體的執著）、無人相（沒有人我對立的意念）、無眾生相（沒有我高他低我優他劣的差別相）、無壽者相（沒有執著永生的邪見），若有這「四相」的執著，他就不是菩薩了。菩薩的服務守則就是「無」，超越分別對待的心；「無」就是本分之事，我們做世間所有之事，都在做本分事，做本來就該做的事，所以菩薩以「無」為安住，才能降伏我慢心。

從《金剛經》的問答裡，請法的須菩提問得非常得體，說法的佛也沒有因為是世尊，就有尊貴想。在一問、一答之間，都已顯現無差別的平等觀。常不輕菩薩禮敬一切眾生；睒子菩薩愛惜大地；乃至聲聞羅漢遙拜八歲龍女；鳩摩羅什與盤頭達多大小乘互相為師……都為人我平等的真義寫下最佳的註解。若無人我平等的基礎，則佛道不成；菩薩則無法發心度眾。

佛光山是人間菩薩道的修行道場，星雲大師是佛光山體系的創辦人，致力推動文化、教育、慈善弘法等事業。令人驚奇的是，在短短數十年間，佛光山已在海內外開辦五所大學，在世界各地建了三百餘所道場，所謂「佛光普照三千界，法水長流五大洲」，大師之所以能成就這樣的佛光世界，就是從「無」出發，大師的修道信念是：「以無為有、以退為進、以眾為我、以空為樂、以捨為得、以教為命。」

身為大師弟子的我，希望能了解人間佛教的精義，效法大師以「無私的心」來實踐菩薩道的人生、來貫徹《心經》的經義。我更希望能夠做心的主人，像觀自在一樣的灑脫自在，生活毫無牽掛。想在般若的慈光裡淨化自己，要在佛法的甘露裡解脫自己。要達到這樣的理想，我必須做到以平靜心，恢復身心的輕安，避免細胞之病變。

以平靜心，恢復身心的輕安

《心經》裡還有兩句話：「度一切苦厄」、「能除一切苦，真實不虛」，在我面臨身心崩解的時候，給我很大的支持。

當年我系統性紅斑狼瘡發病時，必須吃類固醇（Prednisolone俗稱美國仙丹），但是服用類固醇的危險性不下狼瘡本身，其副作用有體重增加、出現月亮臉、臉頰兩側長出猴腮毛、頸背突起變成水牛肩、背部長出駝峰、身軀變胖、四肢細瘦、脂肪移腹肚子大得像青蛙……當時的我，一度擔心自己會不會被送到馬戲團，成為被觀賞的奇人呢！

不只外相變得醜怪，我還常常高燒到攝氏三十九度，感覺骨頭都快被燒軟了，身體虛弱到連病床都爬不上去。更雪上加霜的是，醫師一度誤診我有肺結核，所以每個人都不敢靠近我，三餐也都只敢把飯放在門口。我勉強走到門口取飯來吃時，常是用眼淚泡飯吃下去的。

被誤診的惡果還不只如此。我吃了肺結核的藥後，產生過敏和排斥作用，全身長滿了紅疹。因為那時我的身體是沒有抵抗力的，皮膚非常脆弱，手往臉上一摸，臉上的皮就掉下一片；手臂往兩邊一張，手臂上的皮就黏在床單上；搖搖頭，就見到頭上的皮屑毛髮掉下來……。

全身皮膚的潰爛，加上高燒造成的意識混沌，又被誤診為肺癆，人們見我如見到鬼的夢魘，烙印在我心中，難以磨滅。在連續高燒下，我有幾次夜半醒來，感覺自己怎麼被困在籠中？摸摸推推，終於有了答案，原來我心識中潛藏著「野狼」、「滿月」、「粗毛」等影像，在發高燒的昏沉意識中，我以為自己已感染了「狼人」的病菌，會在滿月之夜變成野狼，跑出去傷人。於是我為了預防自己跑出去咬人，睡前先躲到桌子底下，再將桌子翻過來靠牆，所以睡到夜半才以為自己被關在籠中。

意識比較清楚的時候，我也告訴自己，不能再這樣下去了，每天把書桌搬來搬去也是很辛苦。那我到底要如何改善自身的狀況呢？我不想這樣死去，因為我要等師父星雲大師的到來，親自向大師道謝和道別之後才離去。然而一想到大師，我又止不住的哭泣、恐懼、絕望……

各種思緒全湧上心頭，可以說煩亂到了極點。

面對沒有未來的慌亂、害怕死於他鄉的無奈、懷藏學業未成的遺憾……走進大殿跪在佛陀座下時，我再也止不住奪眶的淚水，哭倒在佛前拜墊上，把滿腹的心事交託給佛陀。我想，釋迦牟尼佛之所以降生到人間，就是要教導眾生離苦得樂，這也是佛陀的悲心所在。但我為什麼日日沉溺在痛苦裡，得不到佛的救度呢？

後來我讀《心經》，讀到「度一切苦厄」，心想，怎麼樣才能與佛接心，度過我這段身心的苦厄呢？此時我又看到一篇報導，指出西方人士很好奇：西藏難民為何較能免於精神創傷後的壓力症候群？因為研究者曾比較兩方不同的居住環境，發現物質生活過得好的，反而患有憂鬱症、躁鬱症的精神障礙者多。多次達賴喇嘛到美國弘法，也會被問這個問題。達賴喇嘛的回答是，西藏人因為有業力信念和皈依心態，比較容易把個人的苦迫視為靈性修行的轉機，而能安然接納這些苦難的磨練。

看了這篇報導，我心想：「是啊！大師不也常說『心甘情願就不苦』！」簡單明瞭的一句話，讓我很快就從信仰中找到平靜，並且靜心有效幫助免疫系統功能的運作，開始走出苦厄，不再自我囚禁在恐懼和瞋怨的牢籠。

剛隨大師返台治病期間，我加入英文佛學專修班上課，該學期禮請南傳比丘瑪興達法師（Rev. Mahinda）來授課，法師教課很注重基礎佛學和體驗，有一次，法師在教我們「四念處法」：觀身不淨、觀受是苦、觀法無我、觀心無常。

在講解觀身不淨時，法師分享南傳比丘的修行方法，他們會在房內掛屍觀相，甚至親赴某個被棄置屍體的小島，觀看屍體的變化。

瑪興達法師要同學們移到室外樹下，各自打坐。法師說，我們今天就來觀想屍體的九種變化。於是我們開始耳聽法師的引導入觀，人死後，一、屍體會先膨脹。二、死屍顏色開始呈紫青。三、死屍外皮開始敗壞。四、死屍皮已破壞，血肉黏塗在地。五、死屍開始發膿腐爛。六、蟲蟻鳥獸來噉死屍。七、死屍被食噉後，筋骨頭手分散破裂。八、屍肉既盡，只剩白骨狼藉在地。九、屍骨又被火燒歸於灰土。就在這一刻，法師問大家有沒有感受到有風吹過？法師接著說，剛才的風已將死屍的灰燼吹走了，現在什麼都沒有了。

接著，瑪興達法師要同學們各自把最討厭的人觀想進來。我確實有一個很討厭的人，當下我決定以這人為對象。

我的瞋恨心很重。剛就讀佛學院時，有位同學，他的功課成績、發心表現、身高相貌及受師長肯定的程度，都和我不相上下，很自然的，我們成為大家比較的對象，所以我很不喜歡他。

我討厭他到什麼程度？有一次，逢盥洗時間，我拿著臉盆從學院的東上欲往西上，中間需通過四十坡（從教室上大悲殿的階梯名）。當我走到中間段時，正好聽到慈嘉法師高喊著那個人的名字，剎時，我竟然全身無力，咚鏘咚鏘一連串聲響，原來是我手一滑，將臉盆連同盆中的鋼杯、肥皂等，滾落在台階上，且隨勢彈跳而下。我趕忙衝下去撿，當我正懊惱的撥掉肥皂上的小碎石時，那位同學竟還跑來問我在做什麼？啊！我更氣了！無疑，那人此後就成為我的眼中釘。

法師要我們練習屍觀，於是我就把這人觀想進來。瑪興達法師開始引導我們入觀，觀觀觀，直到第九觀後，他停頓片刻。接著，法師又要我們再練習一次，這次的對象是最愛的人——也就是把自己觀想進來。一樣的，進行到第九觀後，稍微停歇一下。法師說，這時有一陣風吹過，把你最瞋怨的人的灰燼吹走了……也將你最愛的己身灰燼吹飛了！

此時真的有一股風吹來，我頓時打了一個寒顫！我最氣怨的那個人化為灰燼，連我自身也都化為灰燼，雙雙被風吹得灰飛煙滅，沒了！

這時，我的恨在那裡？我的愛又在那呢？我背負那麼久的重擔，突然間都沒了！原來，出離心中的愛恨執著，就是「度一切苦厄」的良方。

這堂「屍觀」的課讓我領悟到，人，應出離心中的愛恨執著，才能輕鬆的擁有「平靜心」，學習讓心習慣於寧靜。把自己雜亂的思緒沉澱下來，減低對外在人、事、物的好奇、批判。每晚將當日的經歷歸零，讓每天都是新的起點，這是個沒有止步的學習，漸漸的……心寬了！

讓心平靜下來，自然就沒有憂悲、惶恐。以往得失心重好比較、好計較……承受虛幻的痛苦而不自覺。原來以平靜心來洞徹般若「無」的觀念，在修行上可以成就道業，在生活上可以退卻煩惱。

究竟涅槃

究竟涅槃

「究竟涅槃」的前句經文是「依般若波羅蜜多故，心無罣礙，無罣礙故，無有恐怖。遠離顛倒夢想。究竟涅槃。」

報障、業障、煩惱三障除盡，就是「究竟涅槃」。鳩摩羅什將涅槃譯為「滅度」，就是滅煩惱障、度生死海的意思。玄奘大師則將涅槃譯為「圓寂」，圓是備具眾德，寂是除一切障。涅是不生之意，槃是不滅之意；涅槃、圓寂，皆具不生不滅、圓滿清淨之意；也就是要表達涅槃是最圓滿、最無上的境界。

長久以來，許多人都對佛教的專有名詞嚴重曲解，例如「涅槃」是修行人一心想要證得的圓滿無缺的境界，卻被一般人誤用，在喪葬場所的輓聯有「得大涅槃」，或比喻一個人非常生氣，叫做「氣得一佛出世，二佛涅槃」。其實涅槃不是死亡，而是與死亡不同的超脫境界，是永恆生命的獲得，更是安詳和樂寧靜的圓滿境界。所以，涅槃不必等到死後才能擁有啊！所謂證到涅槃，就是證悟自己本來具有的真如佛性，所以《般若心經》到最後的階段說「無智亦無得」。

涅槃有四種層次：

一、自性清淨涅槃：乃眾生成佛之因。即「佛與眾生平等無二」，指的就是自性具足，且因眾生所具之佛性，不會因肉身之生滅而增減。所謂「在聖不增、在凡不減」，因為一切有情萬物的平等自心本具，不需向外求取，謂之自性涅槃。

二、有餘依涅槃：乃二乘聖人所證的涅槃。他們雖已證阿羅漢果，

「分段生死」已了，不再於六道中輪迴，但小乘聖人總還有「有法可得、有道可修、有生死可了、有涅槃可證」的法執。法執未了，思想淨化未完成，念頭不免就有一生一滅的變異，每一意境的轉化，恰如一度生死。但意境轉化非形體變化，稱之為「變易生死」。例如舍利弗前生，有次發願行菩薩道，捐贈眼睛，因受贈青年嫌棄又惡言相向，舍利弗因而退失發大心之念。小乘聖人尚有這樣的變易生死未了，故稱此階段為有餘依涅槃。

另一種境界，亦稱之為有餘依涅槃。雖然行者已經斷滅三界煩惱，更不起惑造業，卻還餘留過去業力所招感的色身存在，但面對有相世間的一切生存，不會受饑寒苦樂等影響，能平靜的面對人生世事，亦稱之為有餘依涅槃。

三、無餘依涅槃：把二種生死，即分段生死的六道輪迴，以及變異生死的思想生滅，這些有漏的煩惱因都除淨了，就稱之為「漏盡通」，即「諸漏已盡，梵行已立，所作已辦，不受後有。」因煩惱有漏皆已盡除無餘，故稱無餘涅槃。亦即業報已盡，身體亦無，身與心的組合都離散了，不再引發新的身體、新的苦果，而能將自己的真如本性流露於造化之間，與萬事萬物合而為一，無跡可尋，正所謂「十世古今，始終不離於當念，無邊剎土，自他不隔於毫端」，就是說明這種「通天人，合內外」的無餘依涅槃。

四、無所住涅槃：這才是究竟涅槃。不住生死，亦不住涅槃，以一切不住而究竟。因為涅槃是對生死而言的，既然生死本無，又哪裡有涅槃可證呢？二乘人因有所知障，不明了生死涅槃的無差別之理，而厭生死、喜涅槃。其實生死和涅槃只不過是一個假名而已。

由以上涅槃的種類，我們可以得到證明：涅槃的確不必等到死亡才能證得。釋迦牟尼佛以一大事因緣示現到人間時，就本具「自性清淨涅槃」；三十歲時，在菩提樹下金剛座上，夜睹明星的那一刻，縱使當時色身的依報還在，就已證得「有餘依涅槃」；八十歲時，在娑羅雙樹間入滅，就是「無餘依涅槃」。也可以這麼說，佛陀下生來人間，出家、修道、成佛、說法乃至涅槃等，都是方便示現，其中以悟道後四十九年的說法度眾，過的是無著無染的「無所住涅槃」生活，這種住而不住、應化自在的生活，才是真正的大涅槃。

唯有將「四種涅槃」的問題，真正徹底弄清楚，才能了解佛陀為何降生到人間來說法，以及人間佛教的可貴處！《大乘起信論》說：「體大、相大、用大」，我們的自性清淨涅槃就是體大，出生存在人間的現象就是相大，將清淨的生命本體，結和生在世間的身相，做弘化教育眾生的工作，就是用大。

以無住心，面對生死的來去

「人間佛教」非星雲大師創新立派，而是釋迦牟尼佛下生到人間的本懷。《法華經》說，佛到人間來，是為了「示教利喜」，所以，「歡喜」是人間佛教的特色。星雲大師對人間佛教下了定義：佛說的覺悟之道、人要的生存之道、人間的淨化之道、普世的善美之道，凡有助於人類幸福的教法，都是人間佛教。

沒錯！佛陀在世時也談苦空、說無常，那是在說明現實世界的狀況，而非教義的目的；佛陀談苦空、說無常，是要教育我們釐清無常苦空所帶來的煩惱，為我們注入一種力量，幫助我們度過無常的逼迫，才能出離苦得法樂。星雲大師說：「苦對我們的人生有積極的作用。」修道的心也不是死守不動，而是要能隨緣起用。讓人間佛教成為苦悶人間的必需品；度眾要走入社會人群，將佛法從空談、玄談的，轉化到生活服務層面，一切從「四給」開始做起。

星雲大師經過實修實證後，不畏艱難的弘揚佛陀的教法，讓大眾願意選擇人間佛教做信仰。人間佛教不但能改善我們生活的品質，提升我們思想的淨化，更讓我們願意選擇佛法做為我們生活的依據，也讓我們的人生更有意義價值。星雲大師直言：「整個人間佛教可以說就是『生命學』、『生死學』、『生活學』。」信徒遇到逆境惡緣時，自然脫口而出的就是大師常勉勵他們的話：「有佛法就有辦法。」由此證明「人間佛教」的教育和修練，就是最好讓佛性發揮功用的法門。

有句至理明言說「時間就是生命」，我們想知道現在幾點幾分，在以前必須看鐘錶，現在則有手機、電腦或各種電子計時器可看。這些計時的工具都是因緣法，過了一段時間就會壞去。現在的人幾乎都換過幾次手機，家中的時鐘和手錶也都有壞掉的一天；但是，當我們的手機或手錶壞掉時，時間就不存在了嗎？

我們的色身就如同手機和手錶，而時間就是生命。人的生命本來如時間一樣，在大而化之的宇宙之內流轉，是不會消失的，消失的是我們的肉體，被火化的、被土埋的是肉身而已，而不是生命啊！

我們唯一要擔心的，是我們的肉身壞掉時，就像我們想要換手機或手錶時，我們有沒有資本可以換更好的進階版呢？當我們肉身壞去的時候，下一站我們想去天堂或極樂世界，或者我們希望來生能成為國王時，我們有沒有足夠的福德因緣？我們要擔心的是福德資糧具足與否，而不是時時擔心色身會壞，因為色身到最後一定會壞的。

佛陀入滅前，安慰身旁的弟子們說，老舊的車子會時常壞的，用維修的方式來維持它的存在，不是根本方法。我的色身時常要進院維修，所以當我看到佛陀說的這番話時，我感受到老舊的色身壞了更好，正好可以換新的呀！要擔心的是有沒資本可以去換更好的品牌而已。

就連蔬菜和水果都不斷在改良基因，一代比一代進化，做為一個人，為什麼不能改良？歷經幾番死去活來的我，尤其對普化禪師面對生死隨性的態度，特別有體悟。

話說有一天，普化禪師在街上到處向人說，他沒有衣服可穿。於是信徒做了上好的袈裟供養他，但他又不接受。

有人把此事報告普化禪師的師父臨濟禪師，臨濟禪師就買了一口棺材送他，普化禪師非常歡喜的說道：「我有衣服了。」

普化禪師立刻扛起棺材，跑到街上大聲叫著：「臨濟禪師為我做了一件法衣，我可以穿它走了，明天上午，我要死在東門。」第二天，普化禪師準時扛著棺材到了東門，一看，人山人海，都想來看這麼一件怪事，普化禪師對大家說：「今天看熱鬧的人太多了，不好死，明天去南門死。」如此經過三天之後，由南門而西門，由西門而北門，很多人開始不相信普化禪師的話，說：「我們都給普化禪師騙了，一個好端端的人，哪能說死就死？再也不要上他的當了。」

到了第四天，普化禪師扛了棺材至北門，一看，沒有幾個看熱鬧的人，他非常歡喜的說道：「你們非常有耐心，東南西北，都不怕辛苦，我現在可以死給你們看了。」說罷，普化禪師進入棺材，自己蓋好棺蓋，就無聲息了。

好棒喔！若我也能像普化禪師那樣，自知無常的到來，能超越生死的罣礙，自己蓋好棺材無須勞駕他人，多麼瀟灑自在啊！但要擁有這樣的自在須懂得「無住」的妙用，因為一件衣服穿脫起來很容易，但生死這件衣服，往往是該穿的時候不肯好好穿，該脫的時候不肯好好脫下。普化禪師的公案典故，助我領悟以無住心，面對生死的來去。

以前我發病時，都是馬上送到醫院的急診處急救。有幾次，因為被插錯管，弄得我痛苦不堪。後來我想起普化禪師的「化衣緣」，開始感到死不足懼，但我不能死得很難看。就算現在很年輕就死去，也要讓人覺得，這個修行人死得滿瀟灑的。

後來再發病時，我就不急著去醫院了，自己吃些強效的止痛藥後，就開始清理垃圾，整理身邊物件，穿好鞋襪、海青，把袈裟放在身旁，也把準備好的陀羅尼經被拿出來蓋在身上。蓋好之後，身體就不能亂動，靜心默念彌陀聖號，希望在這樣的情境下死去之後，他人看了會說：「死得不難看嘛！」

躺了一陣子，藥效退去了，人也清醒過來，發現自己還沒有死。還沒死的人要做什麼？對我而言，鐘錶隨時會停壞掉，在鐘錶未毀壞前，我應該存多一些福德資糧，讓我的生命有所改良吧！我總不能輸給一顆代代基因改良的蘋果，我的生命一定要有所改善。

生命要如何改良呢？正如《金剛經》所云：「菩薩於法應無所住。」但心無所住，不是放棄喔，「放下」不等於「放棄」。佛在《金剛經》莊嚴淨土分第十加強告誡：「是故，須菩提！諸菩薩摩訶薩應如是生清淨心，不應住色生心，不應住聲香味觸法生心，應無所住而生其心。」「無所住」之後，還要「生其心」。生什麼心？生出對世間萬法不染著而生的清淨心後，更要生菩薩心。

菩薩心是集大菩提心、大慈悲心、大般若心來幫助被煩惱所繫住的眾生解開其纏結。我在這個世界能做什麼呢？如何行菩薩道呢？

有一年在徒眾講習會上，星雲大師上座後，交代大眾唱〈菩提樹〉這首佛曲，唱畢他對與會大眾說：「出家未滿六年的坐下來。」大部分學院的學僧坐下來了，職事們仍繼續站立著。隨著大師的詢問，「十年、二十年、三十年……」大眾幾乎坐下十之七八了。大師持續的問，這時我的妄念直升上來，想著：「太好了！人愈來愈少，師父一定會看到我。」那知大師話鋒一轉，改問：「佛陀在菩提樹下金剛座上修行六年就開悟了，你們出家幾十年，開悟了嗎？」這一問，問得志得意滿的我羞愧不已，當下如一棒大磬，往我的頭敲下，在耳內嗡嗡迴響不停，整堂課我的人都呆掉了。下課鐘響，才敲醒了我，這時又聽到大師叮嚀一句：「學佛，要能幫助了解自己。自己都不了解自己，想要開悟，佛都沒辦法幫你，『自覺與行佛』很重要！」

我有自覺嗎？聽到大師這席話，我深深感悟，若我不再檢討自己、改造自己、創造自己的人生，讀再多的經、拜再多的佛也是徒勞無功的。

但生性頑劣的我，要如何行佛呢？行就是行動、行為；行有一股動力，活的就是生命。行佛就是讓自己的生命活起來。所謂心、佛、眾生三無差別，當自己的言語、行為、心念與佛無二即是。《心經》云：「不生不滅，不垢不淨，不增不減。」當我開始試著在日常中修練，我對自己喜歡與厭惡的人，開始用「不增不減」的態度，對於他人對我的差別待遇，也能不生垢淨之心。如此修練日久，自然降低起心動念的生滅。我非常感恩大師示現給我「自覺與行佛」的訊息，原來自覺就是佛法的自受用，要受用就要對佛法有執行力。

我找到我要走的菩薩道了，就是把我在佛法中的自受用執行出來。因為生性樂觀，加上人間佛教帶給我的法喜，雖然帶著病苦，但我仍然歡喜、認真的過著每一天，因此常有病友或信徒來找我諮詢，我也隨緣度眾罷。我希望能以樂觀、積極、時時結緣奉獻的心，來為眾生創造幸福，而這種樂觀奉獻，也幫助我自己得到了生命的圓滿。

結緣、奉獻，就是菩薩道；生命的圓滿，就是阿耨多羅三藐三菩提。這就是自覺以行佛的歷程。

常有人問我，在生病的過程中，支持我最得利的修行是什麼？我本來並沒有特別去想過這個問題，後來為了給個答案，於是我仔細想了想。我的答案是：當我活著時，我儘量讓自己成為有用的人，我有多少能量，都要發揮出來。我儘量讓自己成為快樂的人，對環境沒有好惡、對人沒有厭惡，常保心情的快樂。我儘量讓自己成為惜福的人，惜福的當下，就會惜情、惜緣、惜智、惜才⋯⋯。我儘量讓自己成為無病的人，心無貪瞋癡的病。身心自然都健康。這是我了生的方法。

當然，時間到的那一天，面對死亡時，我希望能如星雲大師所講的，那一刻來到時，我將如遊子回家般的歡喜、將如囚犯得到自由般的輕快，將有如落葉歸根般的自然、將如空山明月般的平靜，這是我對脫死的態度。人生在世，在時間上也不過短短幾十年，所擁有的空間也只有六尺的肉體，面對這樣有限的時間和空間，如果我們能證悟涅槃，我們的生命就可以突破時空的藩籬，超越生死輪迴的恐懼，將生命遍布於一切時空，成就生命最圓滿的境界。奉勸大家以「證悟涅槃，找回真我」為第一要務，珍惜時光，在佛道上精進。只有在當下心無牽掛，才能在死後得到解脫。

奉勸大家，失去健康時，不要再失去快樂；失去健康的人，仍有享受快樂的權力。我們要勇敢的面對各種人生的磨難，包括疾病、生死。想要解脫，須先自在；解脫不是在死亡之後發生的，死是生的延續，若不能解決生的問題，自然解決不了死的疑惑。沒有放下、無法自在，哪來的解脫呢？

所以我歸納出《心經》中的五句經句，來呼應人生的不同境界，並用以自勉及與大眾共勉：

五蘊皆空——遠離一切苦厄。

心無罣礙——自然身心自在。

般若能量——獲得光明人生。

無所得故——能在人間行佛。

究竟涅槃——究竟圓滿生命。

當人生碰到逆境，憑著信仰帶給我的勇氣，我，走過來了；當面對生死恐懼，憑著真理帶給我的正見，我，超越它了！

修行，能讓我們勇敢的面對自己的問題；接受考驗，才能對佛法更熟練；在這如夢幻泡影的人生中，唯有一事可以成就，就是：修行，讓生命更勇敢；般若的力量，讓生命直到無餘涅槃！

治療

系統性紅斑性狼瘡屬於慢性疾病，醫師會為患者擬定長期治療計劃，以期控制病情，並減少藥物的副作用及病情的後遺症。

治療成功與否，醫護團隊與患者的合作相當重要，更要減少誘發病況惡化的因子。

資料來源

台中榮民總醫院過敏免疫風溼科
http://www3.vghtc.gov.tw/air/air_webedu/new_page_1.htm

奇美醫院風溼免疫科
https://www.chimei.org.tw/main/cmh_department/59012/info/7390/A7390105.html

長庚生物科技（轉載自長庚紀念醫院風溼過敏科）
https://www.cgb.com.tw/j2j0/cus/cus1/hel/hel2/20004.jsp

國泰綜合醫院
https://www.cgh.org.tw/tw/content/article/healthy/011.pdf

Small Tips

紅斑性狼瘡

釋名

紅斑性狼瘡是自體免疫引起的慢性風溼疾病，身體器官因為免疫系統失調，造成慢性發炎、反覆發作。皮膚、黏膜、關節、神經、血管、血液、腸胃道、心臟、腎臟、肺臟會有程度不一的系統組織病變或器官傷害。

病情依照侵犯器官的範圍及病因分為三類：一、系統性紅斑性狼瘡（又稱全身性紅斑性狼瘡，Systemic Lupus Erythematosus，簡稱 SLE。）作者即為此類患者；二、盤狀紅斑狼瘡； 三、藥源性紅斑性狼瘡。

以上三類以系統性紅斑性狼瘡在台灣最常見。常見侵犯十五至四十五歲之間的生育年齡年輕女性，罹病率是男性十倍，孩童、老年人也可能罹患此症。

病因

已知疾病為自體免疫反應所引起，但原因尚未完全清楚，至少為免疫、遺傳、環境及內分泌等因素共同造成。

症狀

此疾病症狀難以捉摸更千奇百怪，一旦發病可能就侵犯中樞神經、心臟、腎臟等重要器官，也可能終其一生只有輕微關節症狀。同位病人在不同時期，受侵襲的器官也可能不盡相同。醫療照護須由風溼過敏免疫專科醫師診治及處置。

愛・生命014

般若的力量
永文法師的鋼骨人生

作　　者　永文法師
繪　　圖　Jack Yu（游智光）

總 編 輯　賴瀅如
主　　編　田美玲
執行編輯　蔡惠琪
美術設計　蔡佩旻

出版・發行　香海文化事業有限公司
發 行 人　慈容法師
執 行 長　妙蘊法師

地　　址　241新北市三重區三和路三段117號6樓
110台北市信義區松隆路327號9樓
電　　話　(02)2971-6868
傳　　真　(02)2971-6577
香海悅讀網　www.gandha.com.tw
電子信箱　gandha@gandha.com.tw
劃撥帳號　19110467
戶　　名　香海文化事業有限公司

總 經 銷　時報文化出版企業股份有限公司
地　　址　333桃園縣龜山鄉萬壽路二段351號
電　　話　(02)2306-6842

法律顧問　舒建中、毛英富
登 記 證　局版北市業字第1107號

定　　價　新台幣320元
出　　版　2020年 2 月初版一刷
2021年 3 月初版六刷
I S B N　978-986-97968-5-9
建議分類　生命哲學｜生死觀｜佛教修持

國家圖書館出版品預行編目（CIP）資料

般若的力量：永文法師的鋼骨人生／永文法師著. -- 初版.
-- 新北市：香海文化, 2020.02
280面；14.8×21公分. -- (愛・生命；014)
1.生命哲學 2.生死觀 3.佛教修持
ISBN 978-986-97968-5-9(平裝). --
220.113　　108018678